Animaux d'Asie

Volume 2

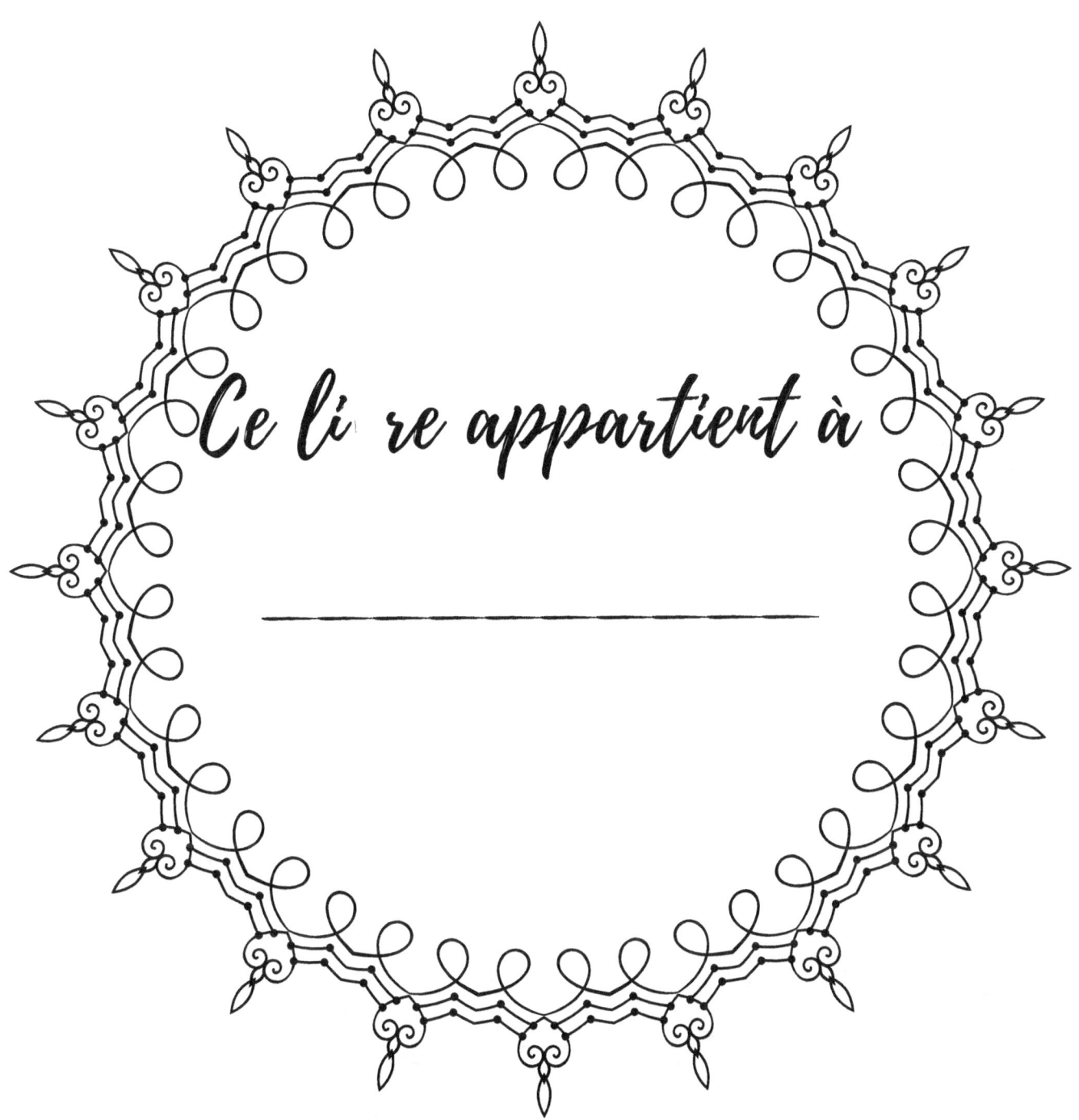

Ce livre appartient à

_____

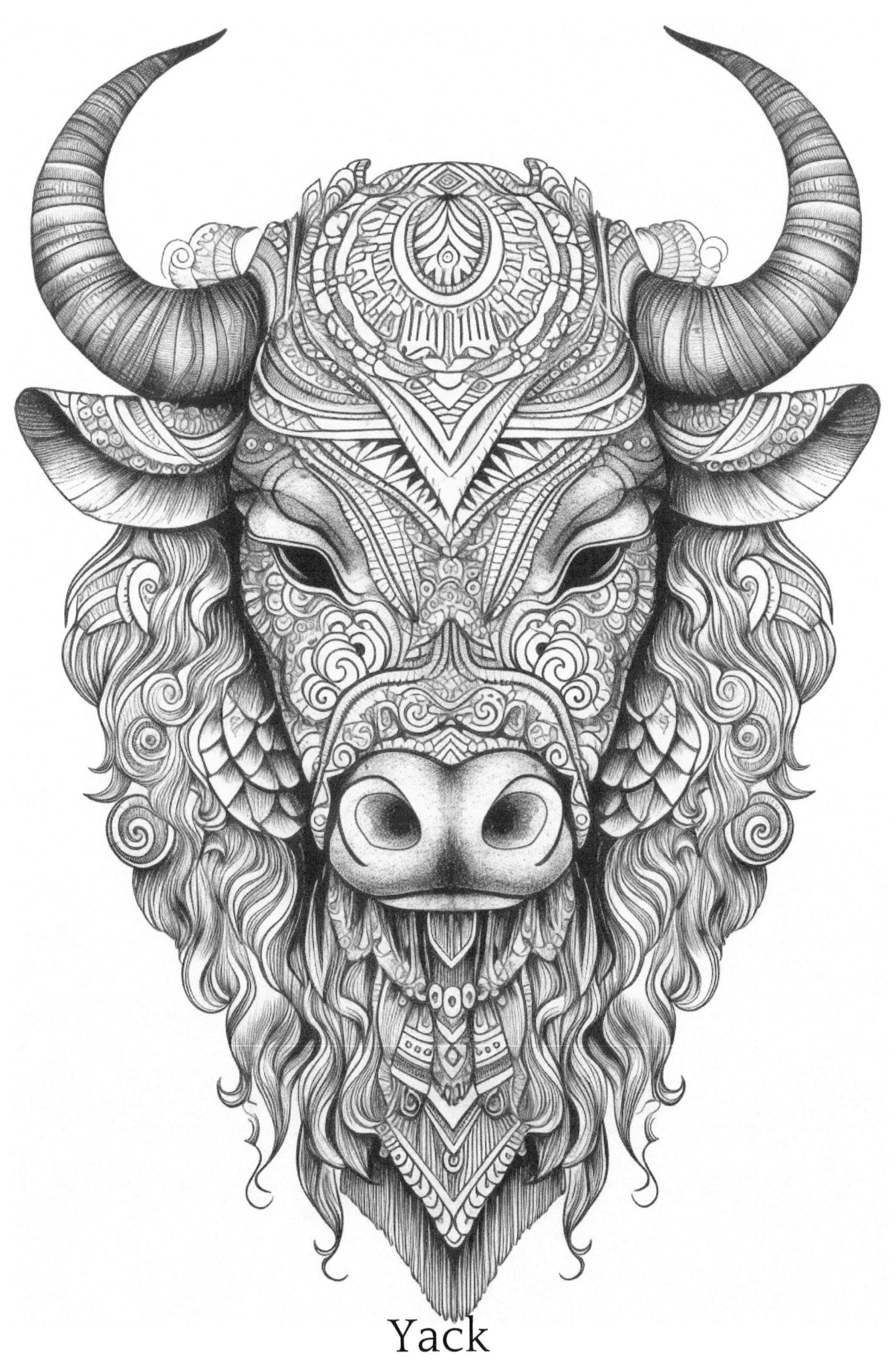

Yack

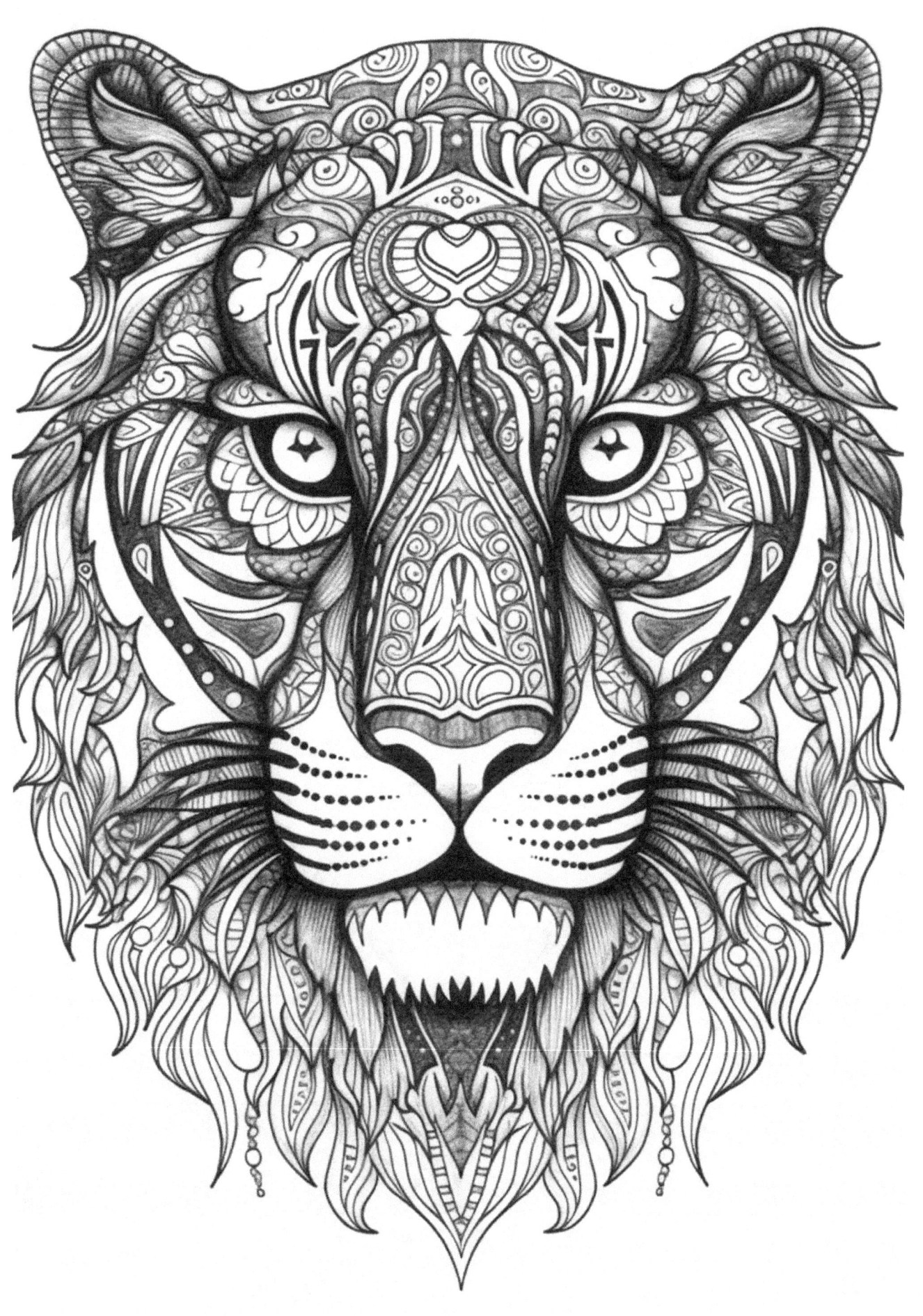

Tigre de Sumatra

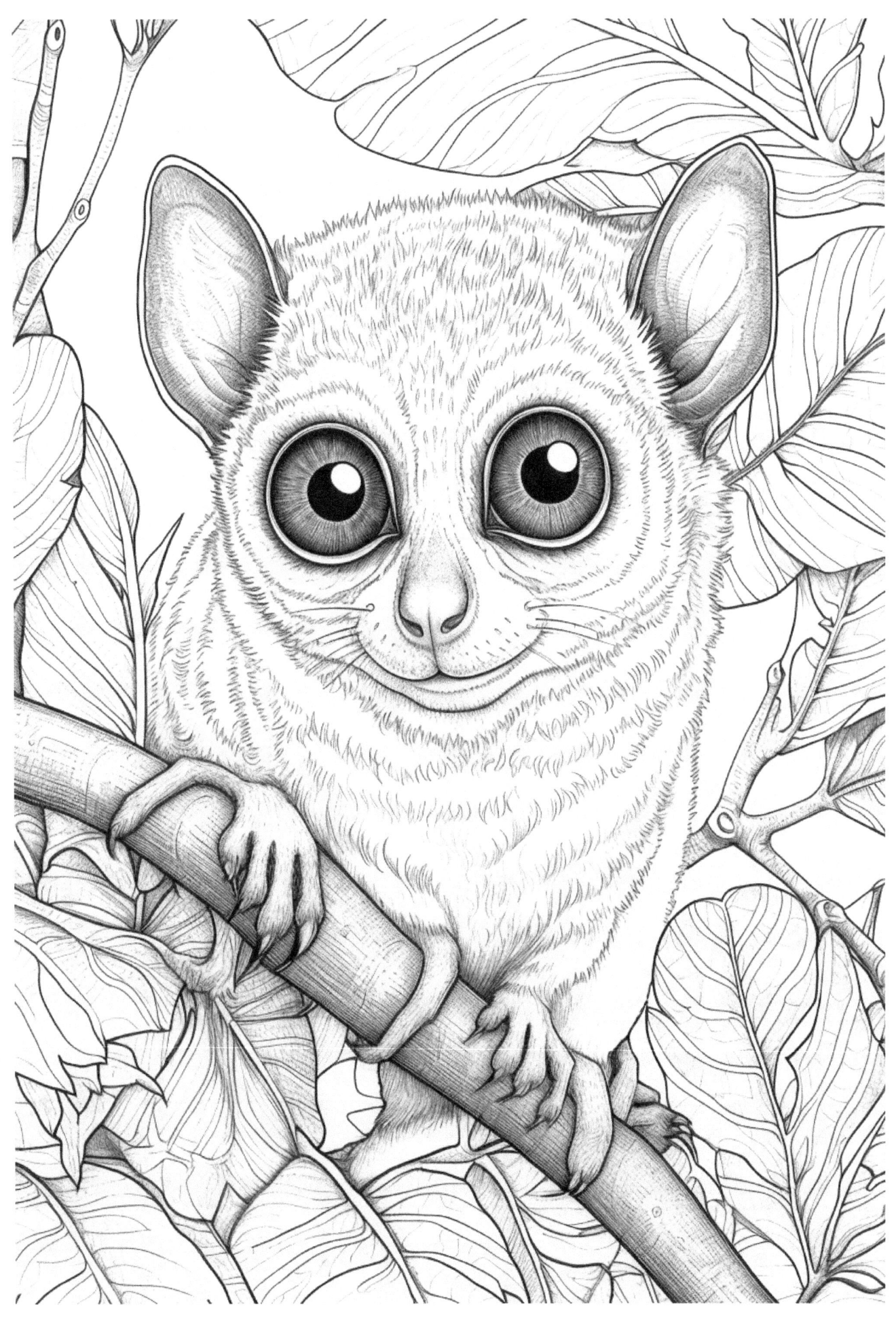

Tarsier

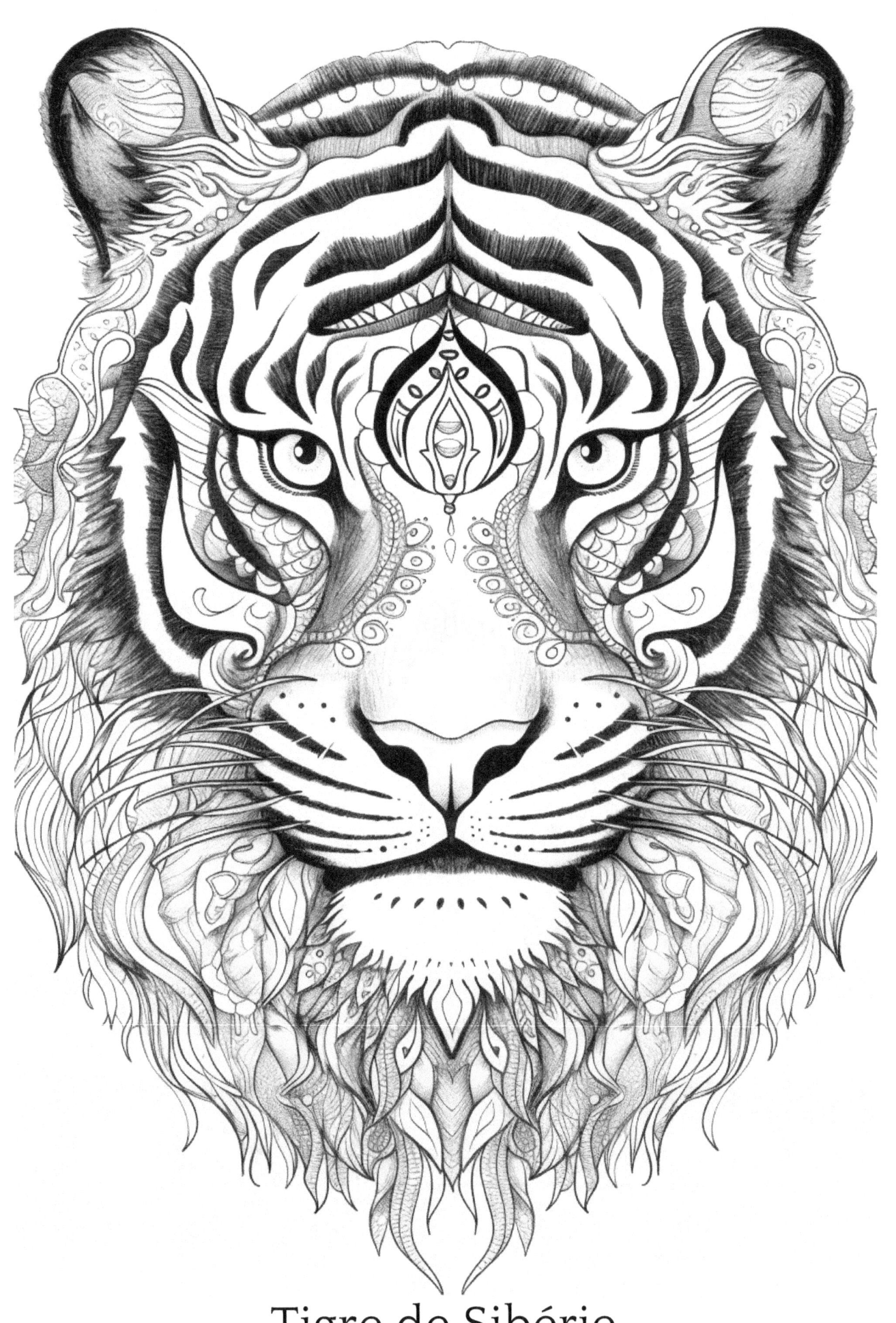

Tigre de Sibérie

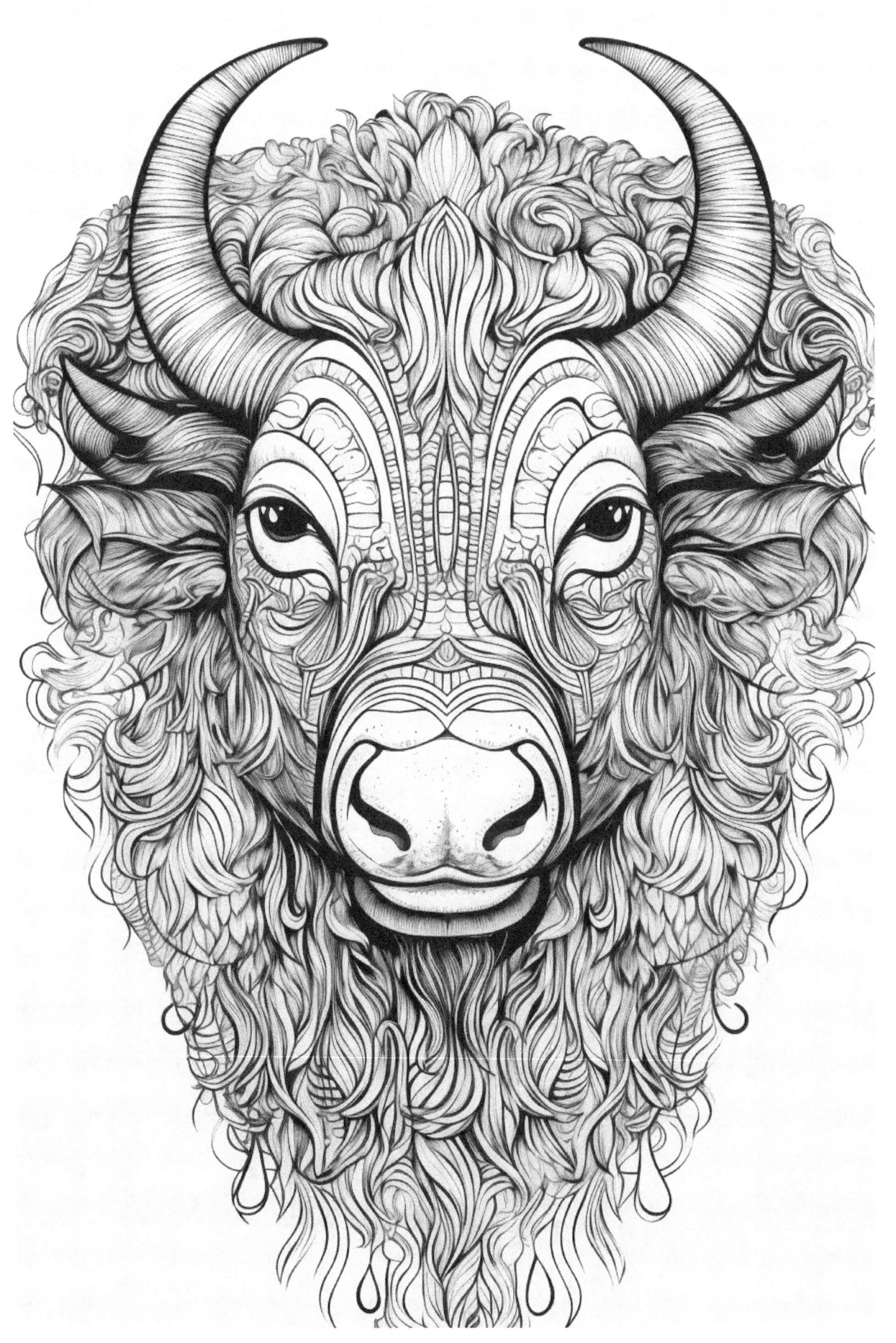

Takin du Bouthan

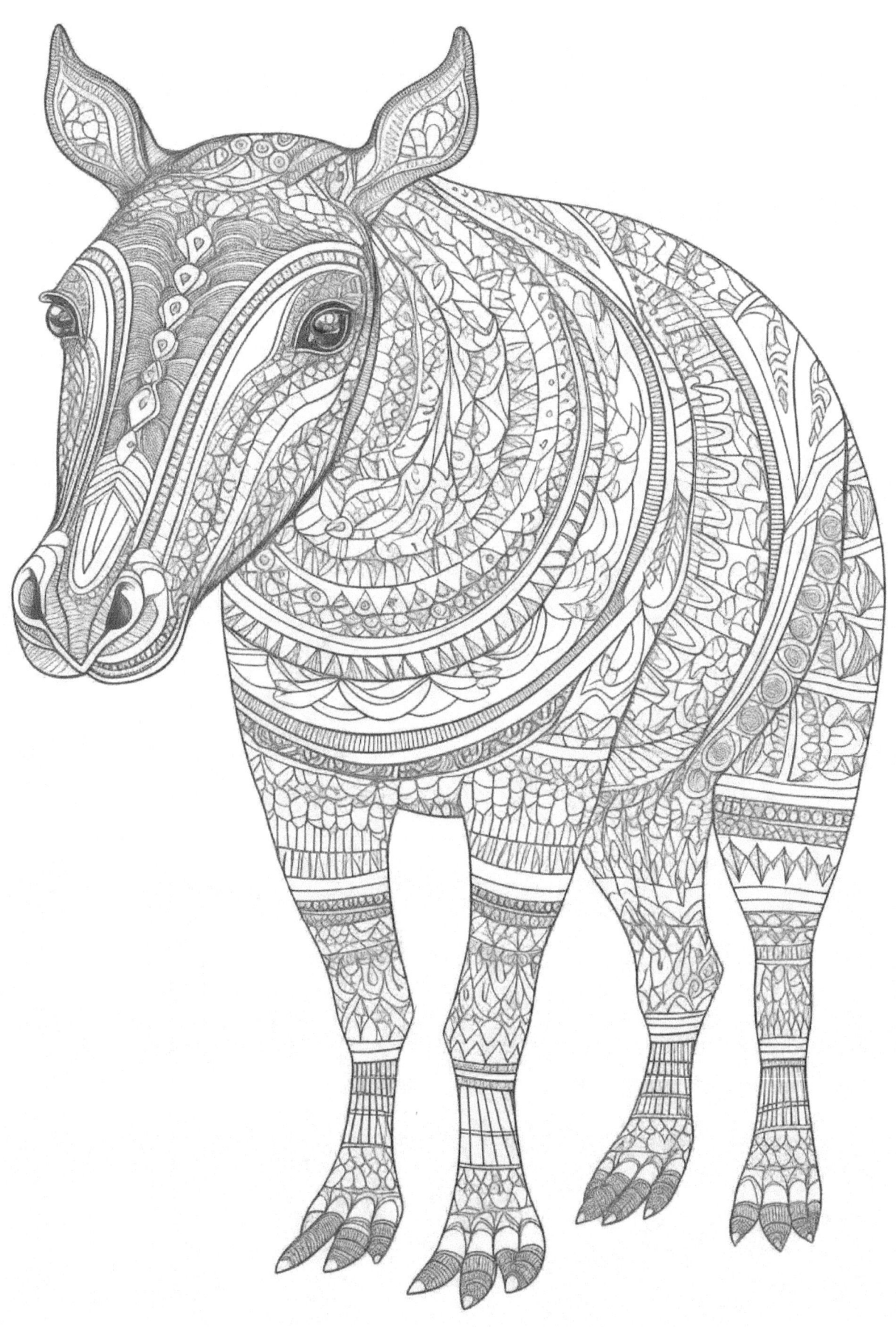

Tapir

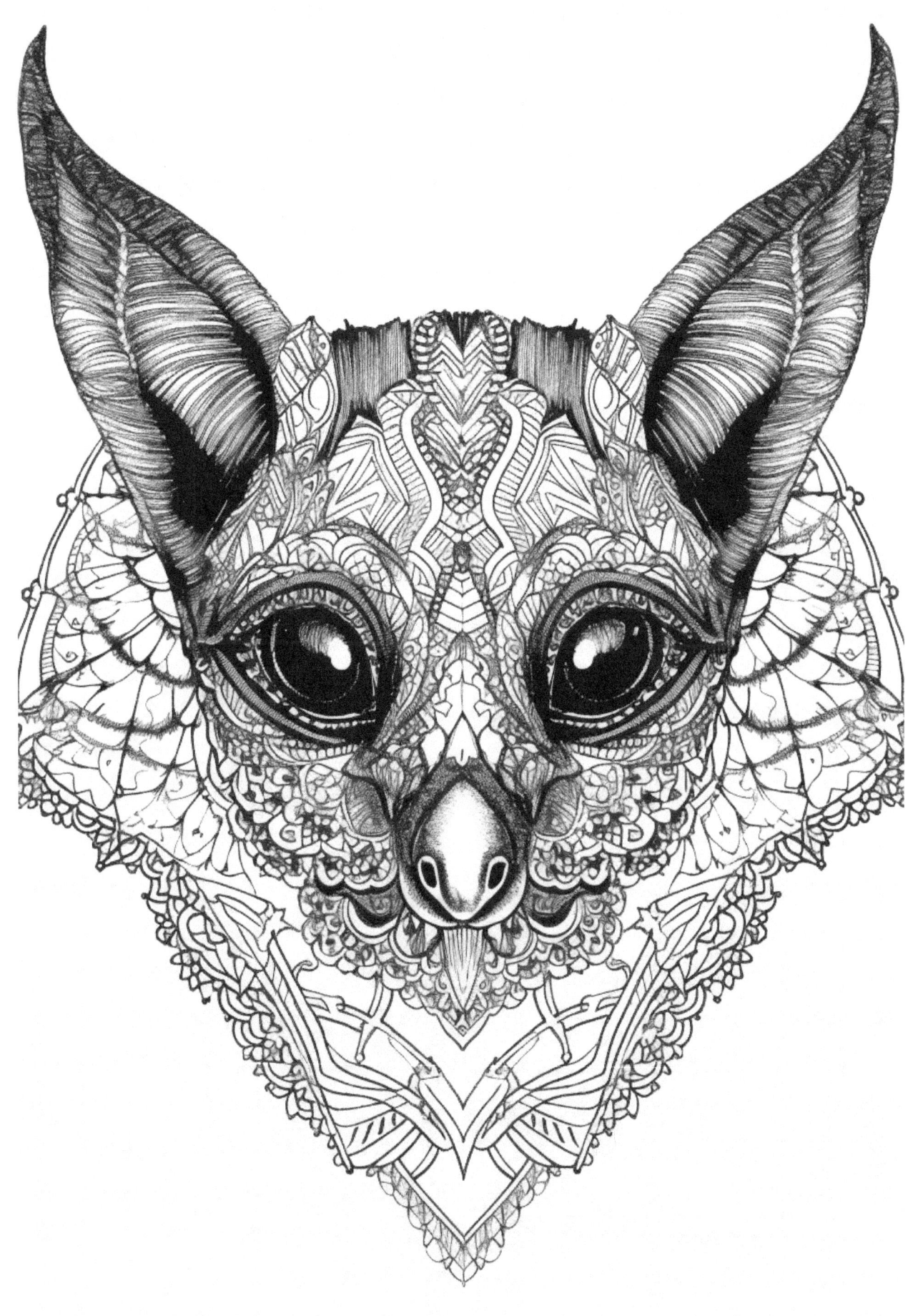

Roussette

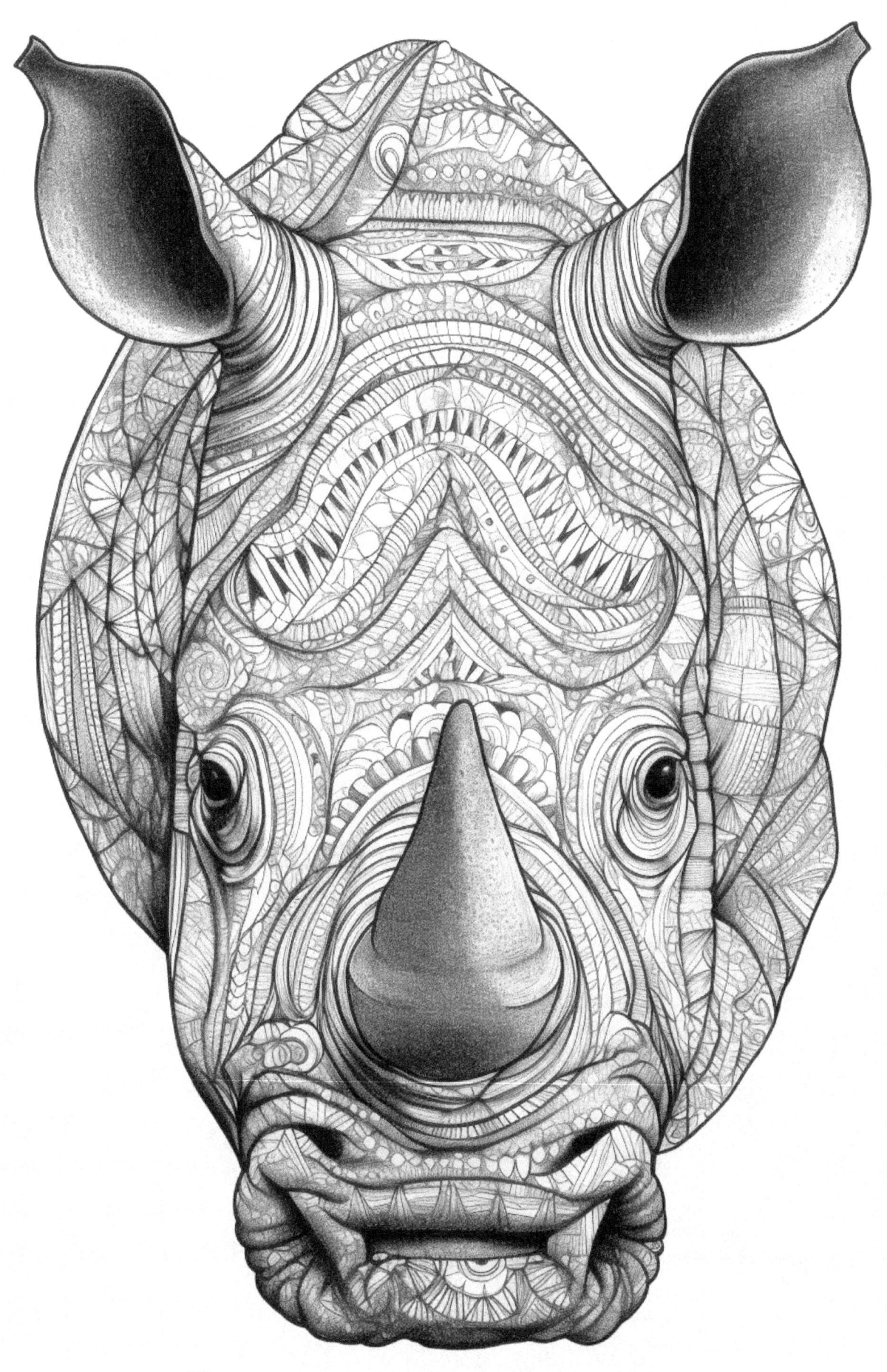

Rhinocéros de Java

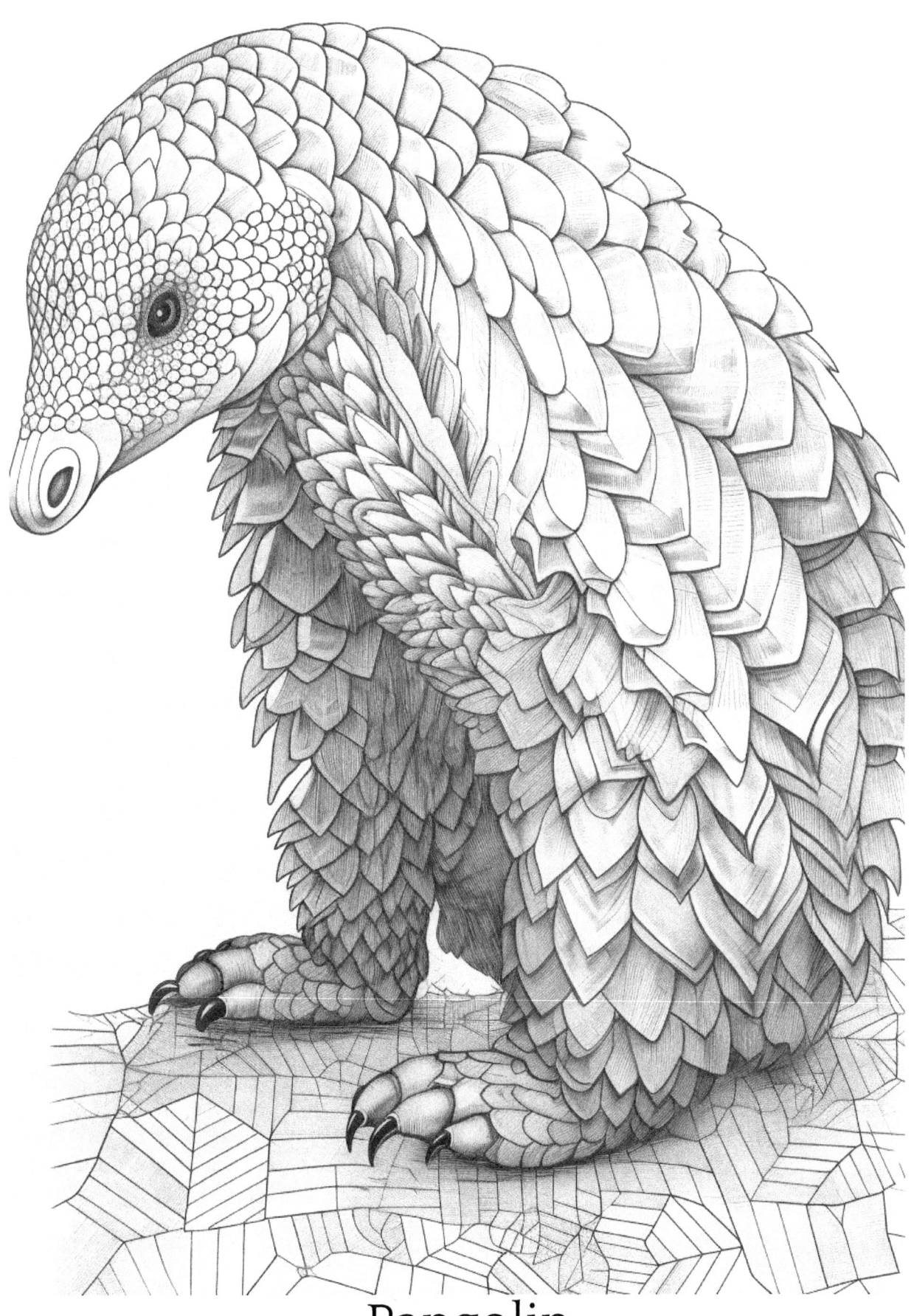

Pangolin

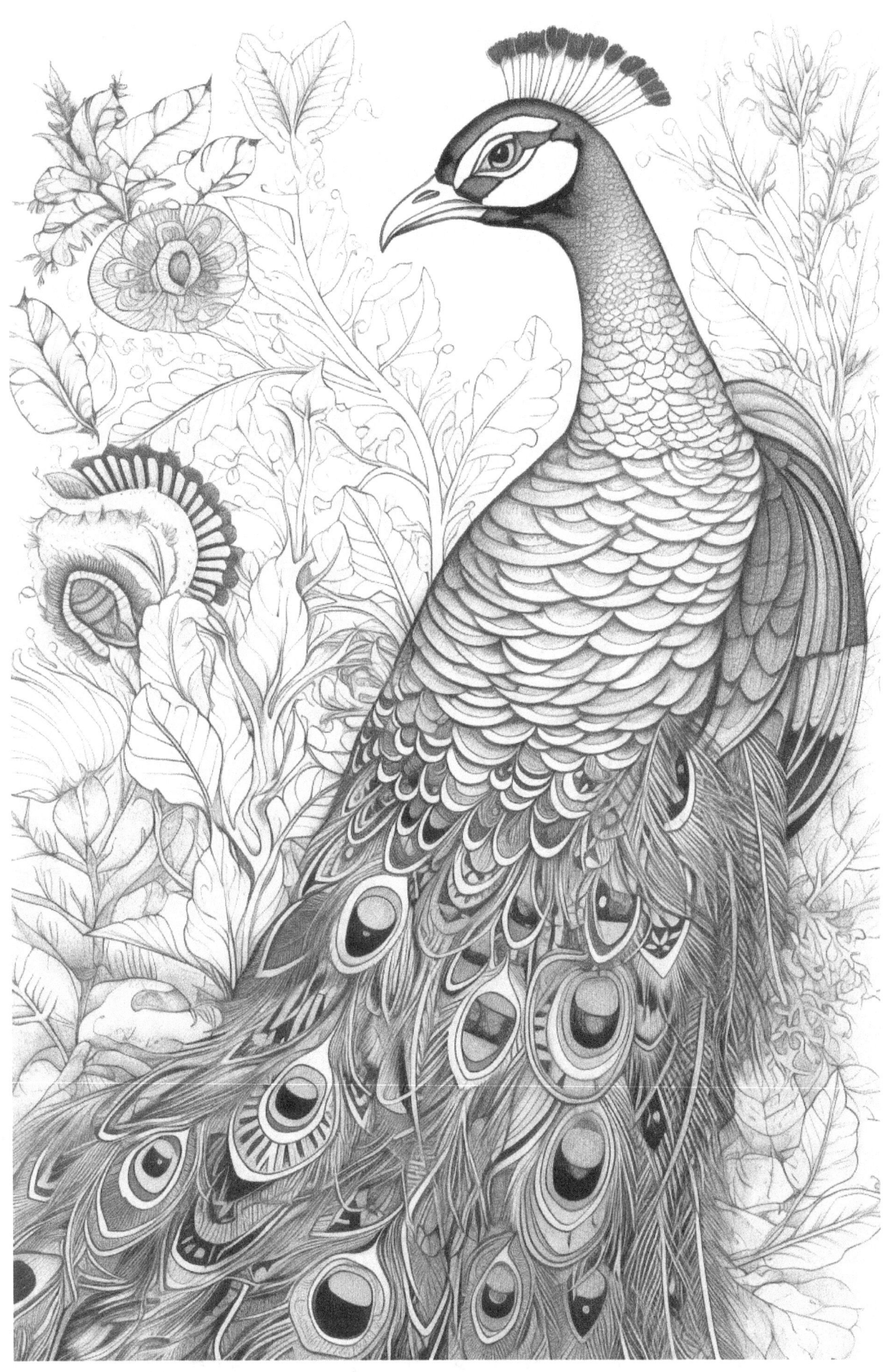

Paon

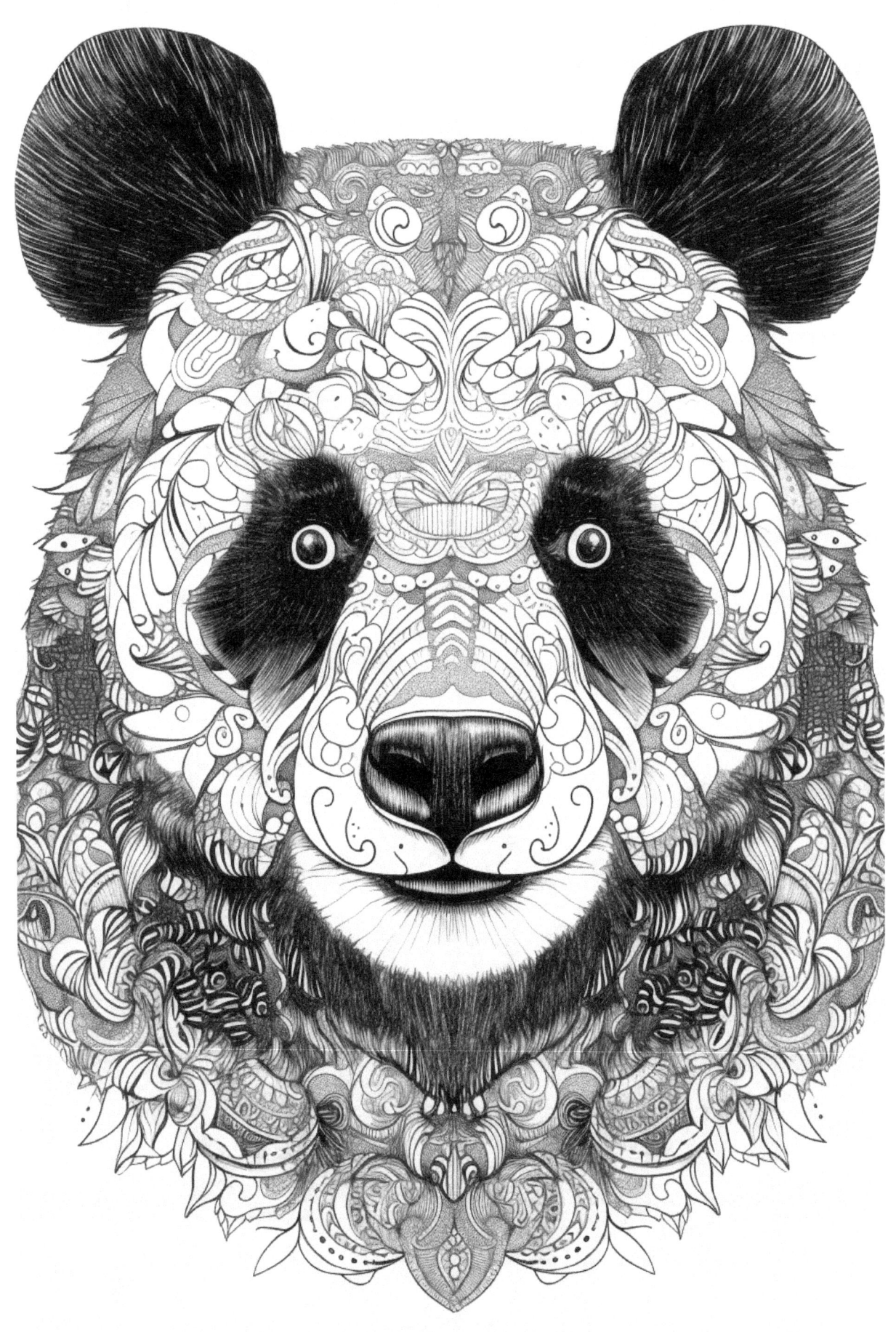

Panda

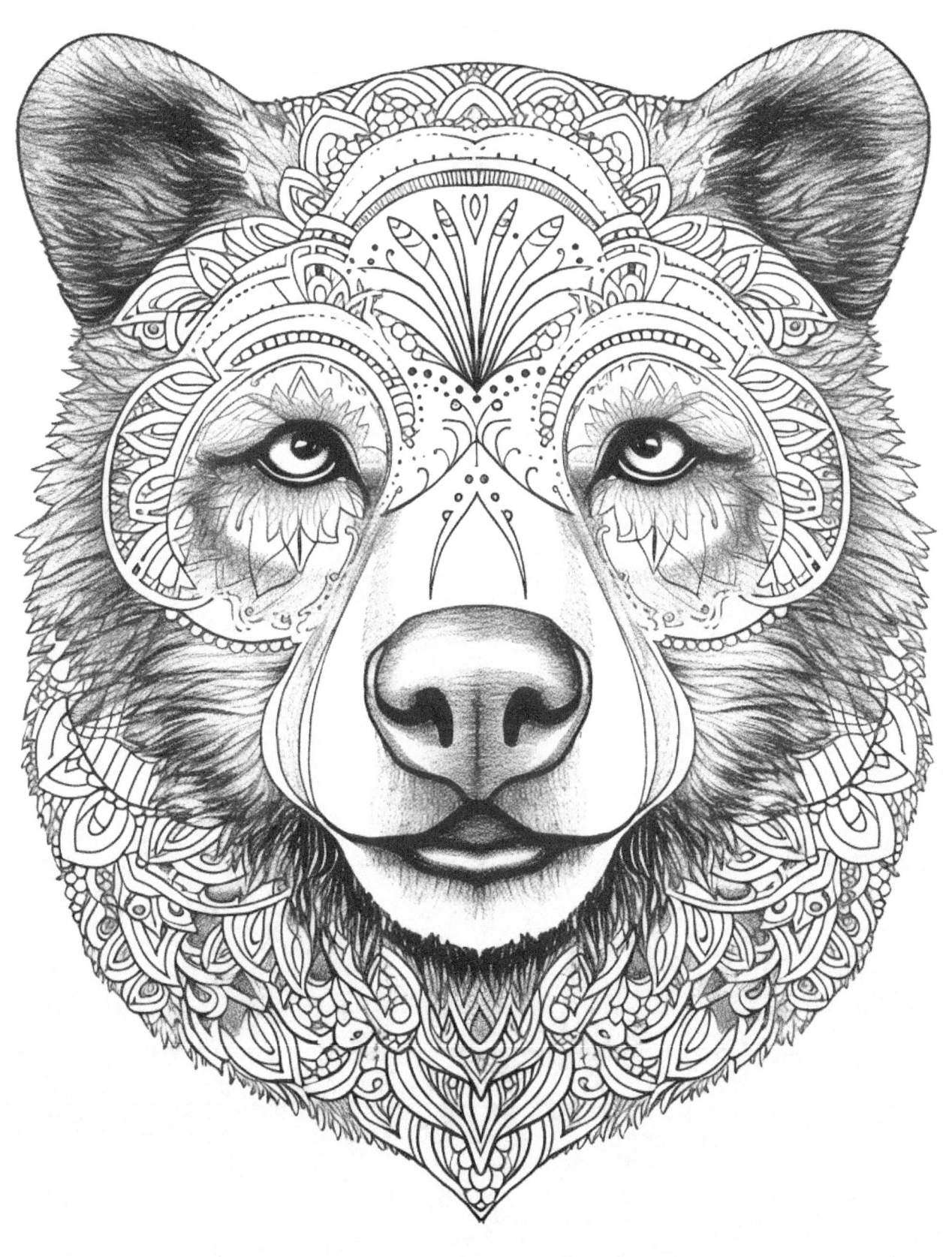

Ours à collier

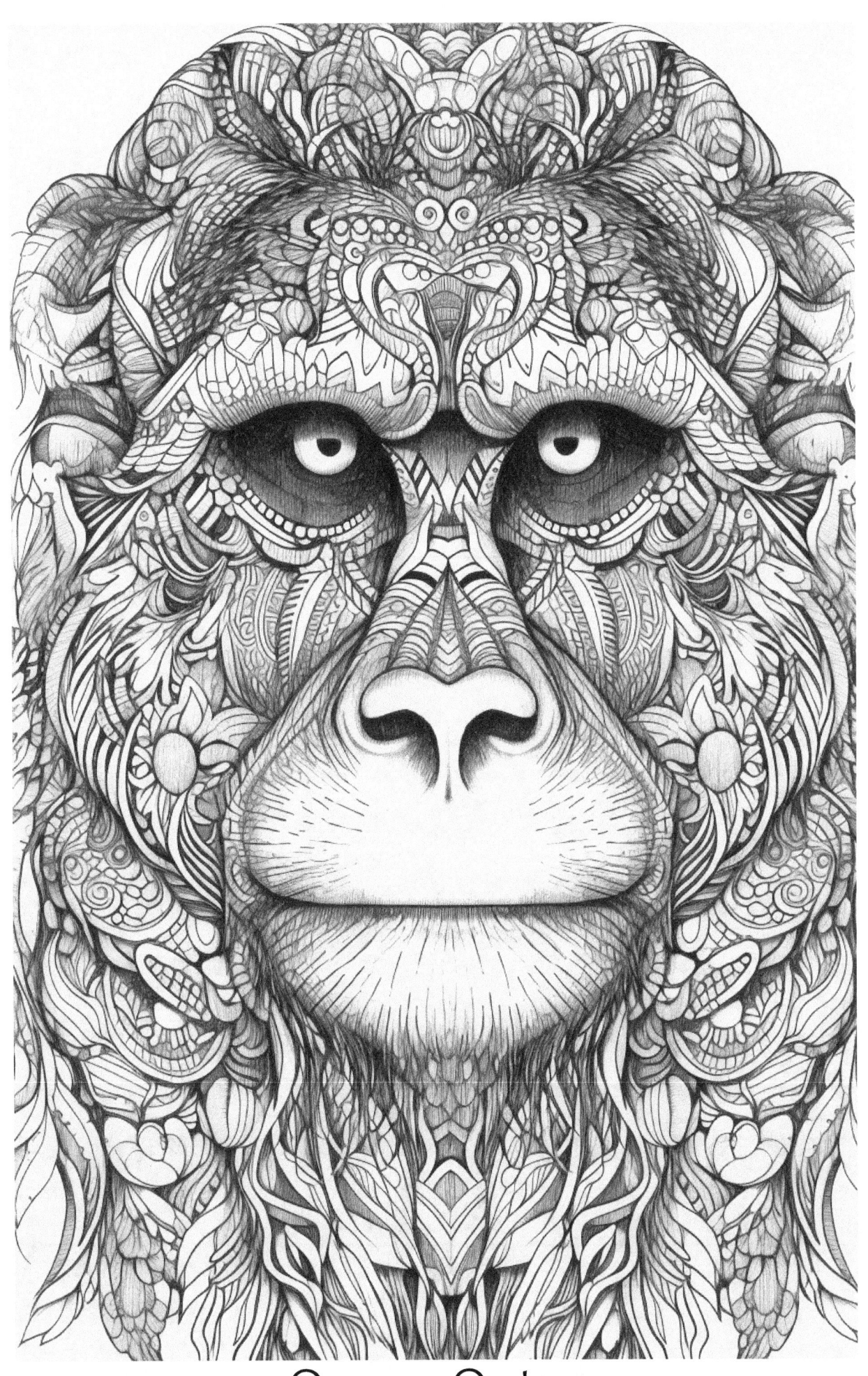

Orang-Outan

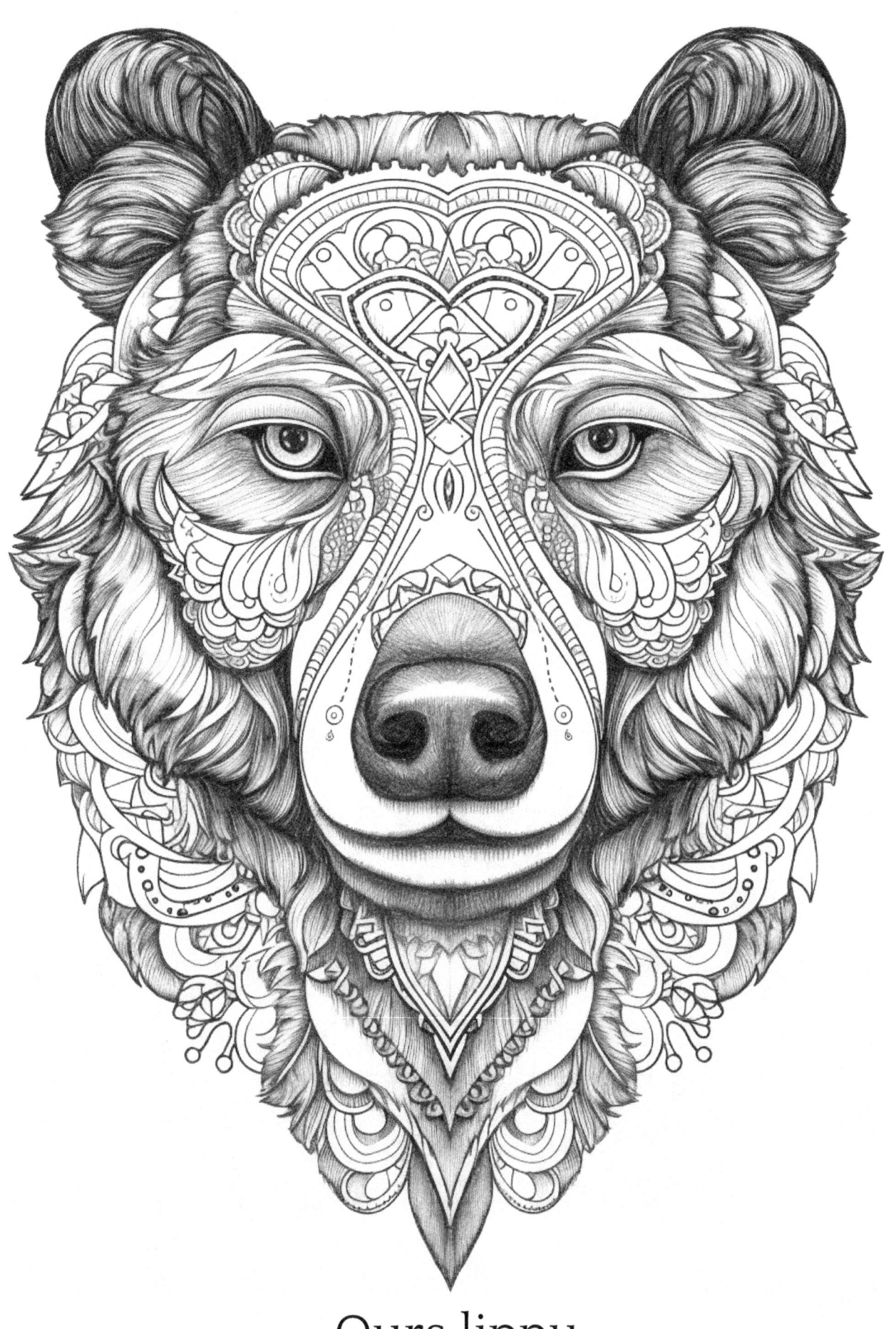

Ours lippu

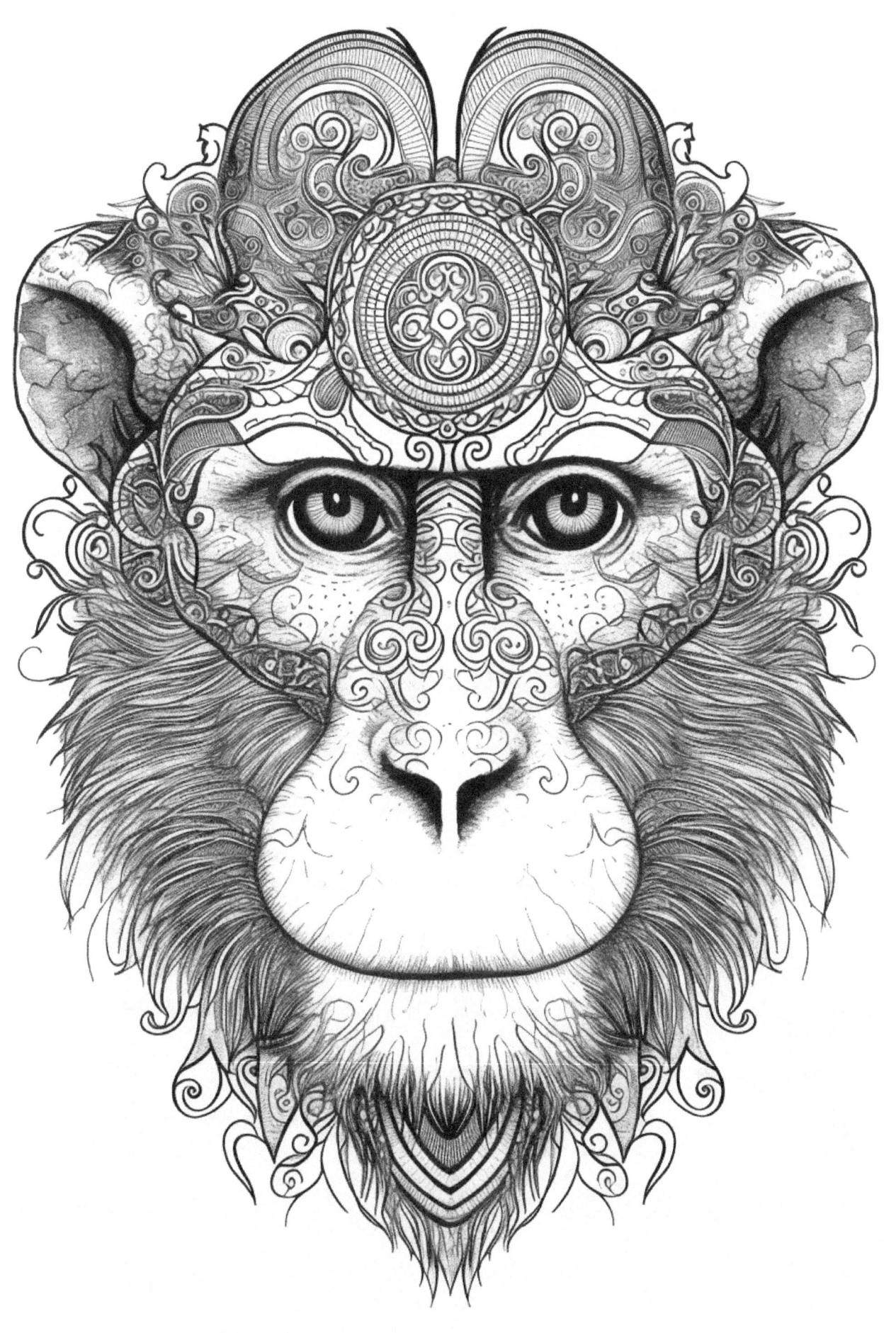

Macaque rhésus

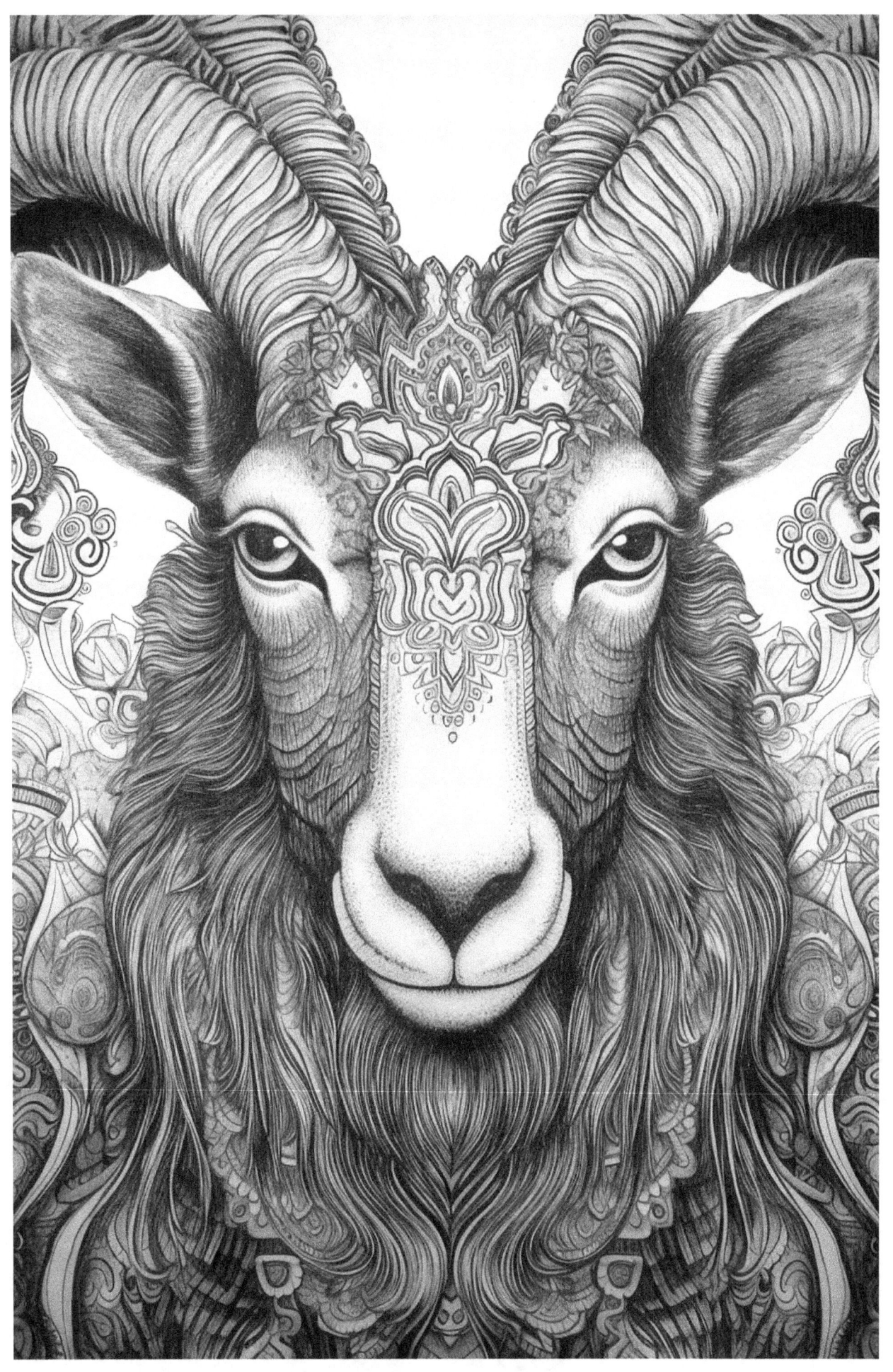

Makhorn

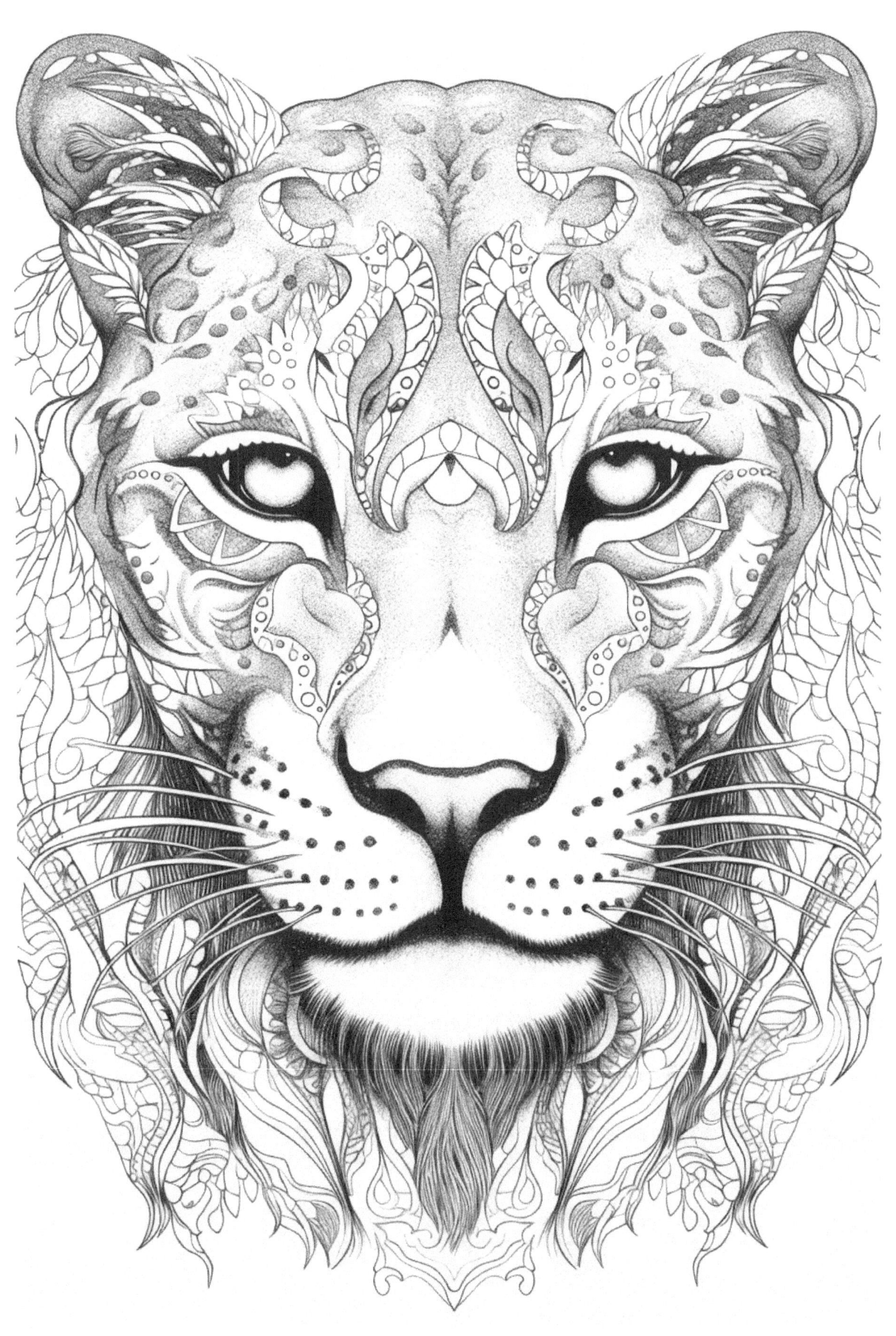

Léopard des neiges

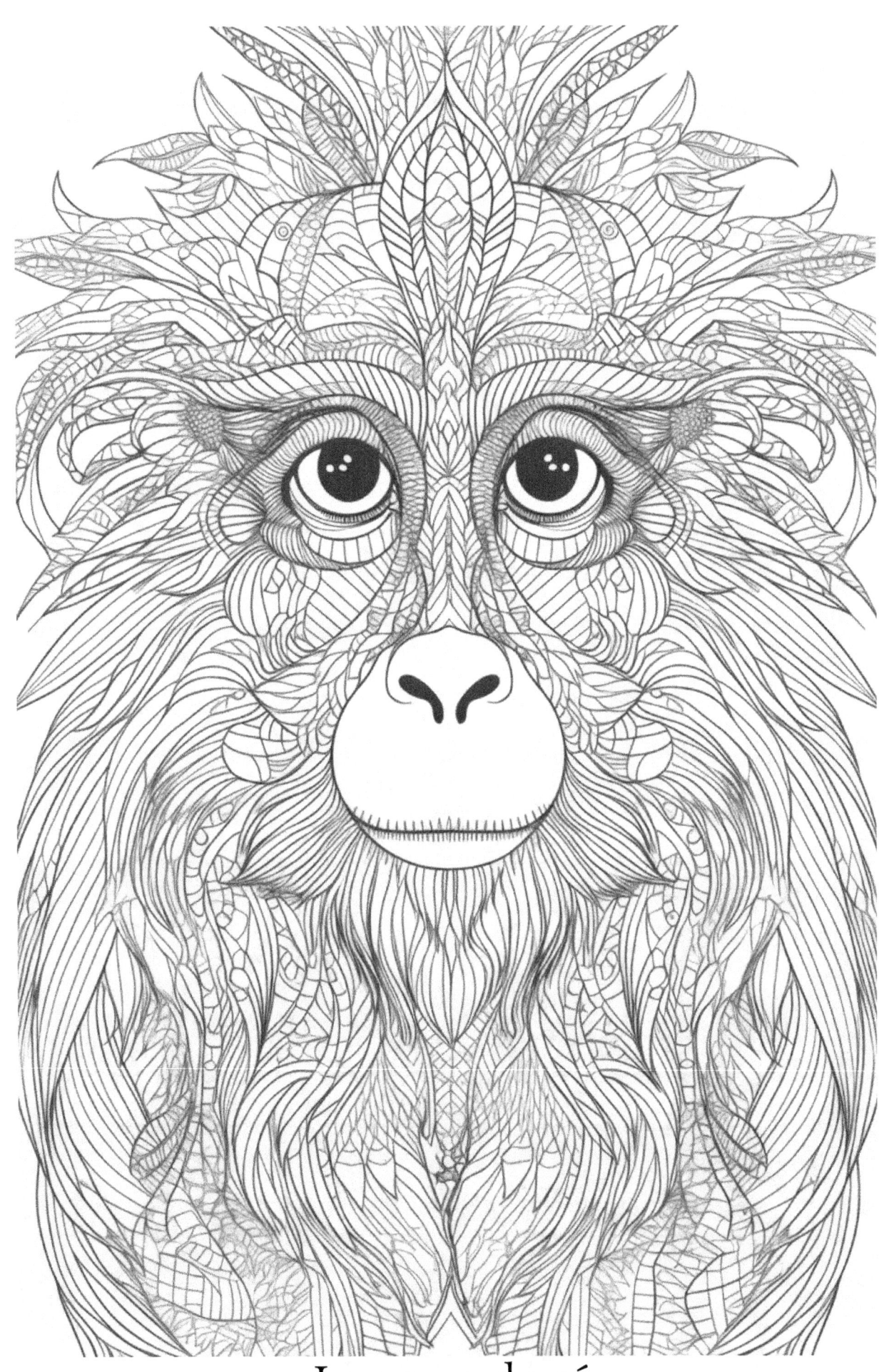

Langur doré

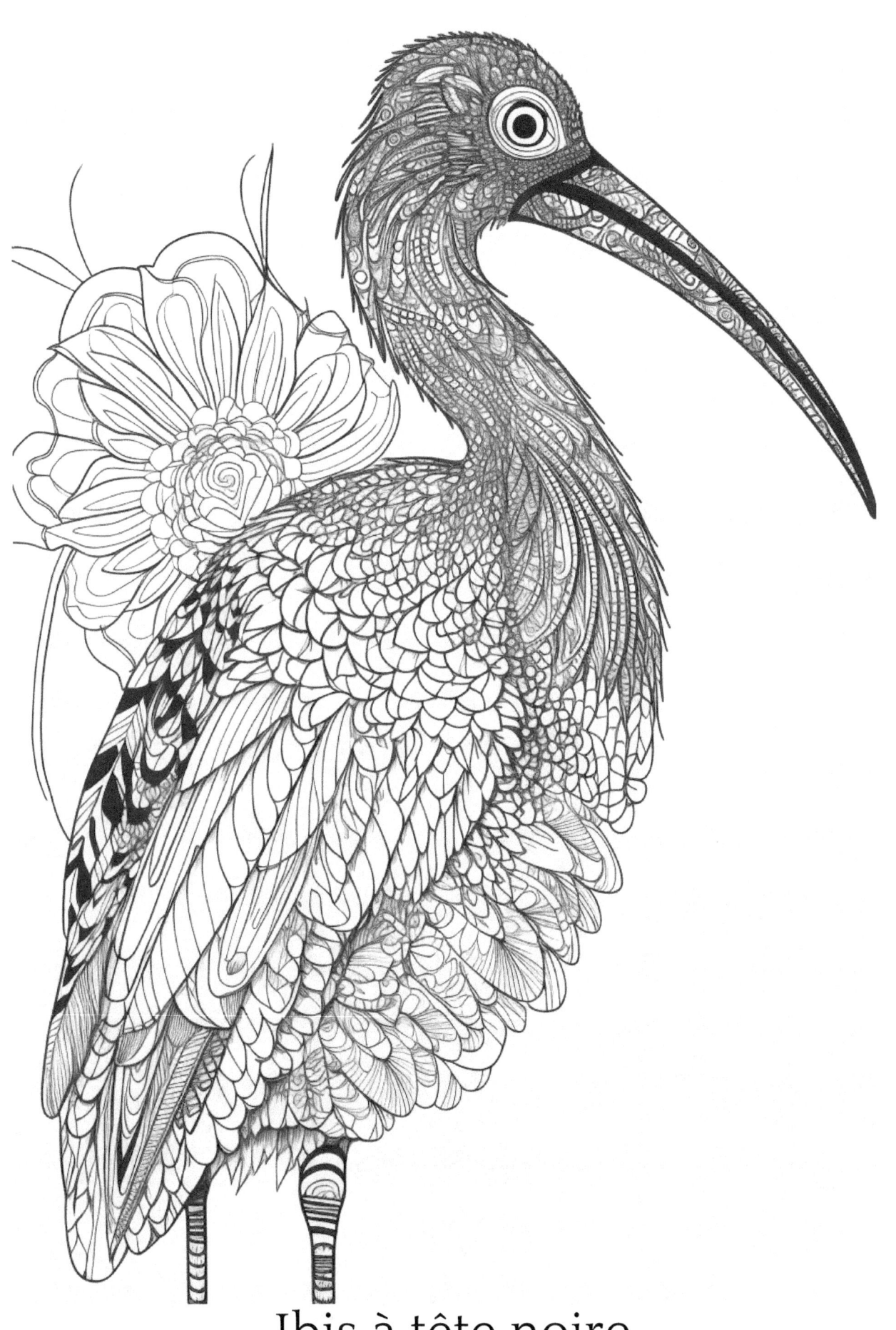

Ibis à tête noire

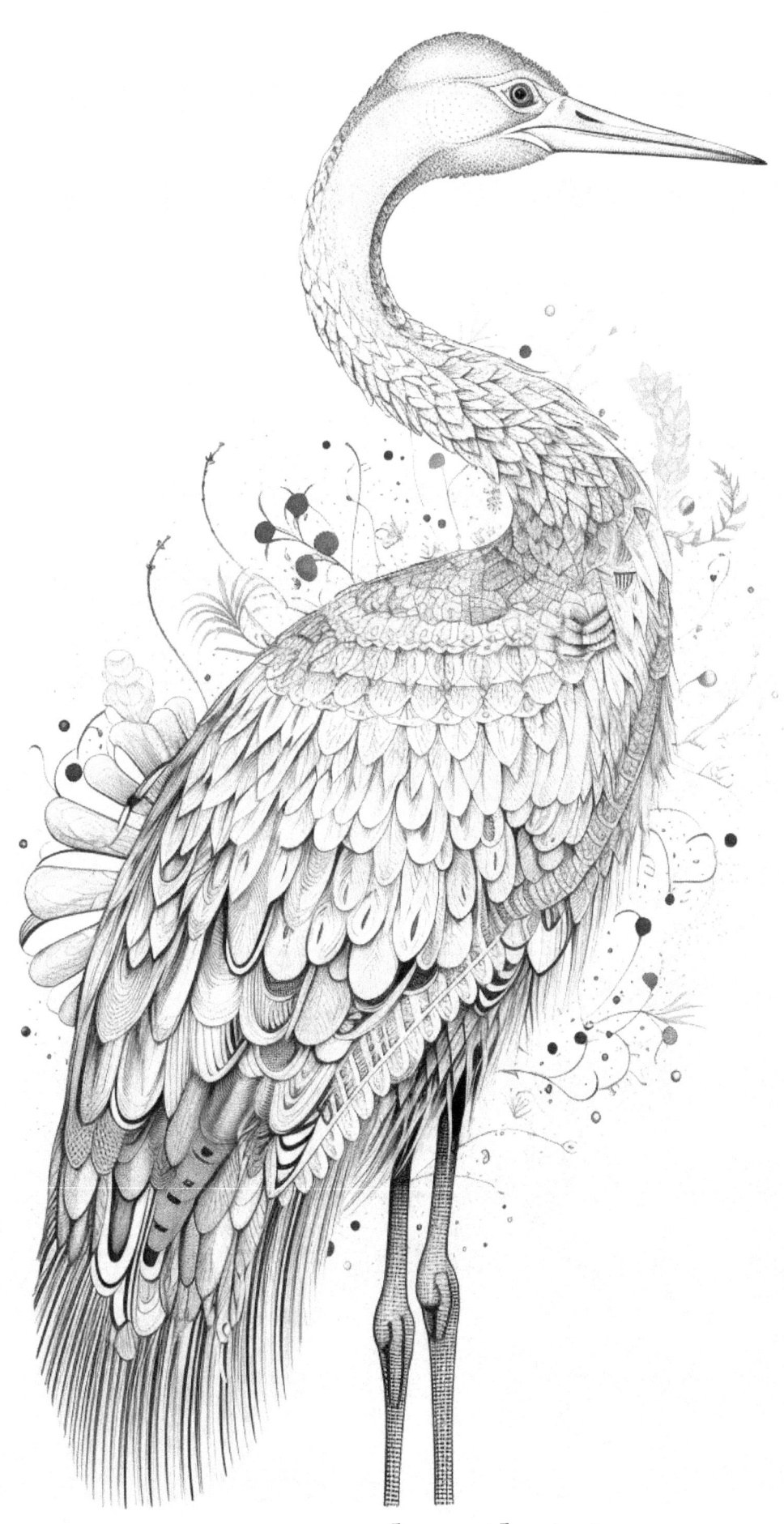

Grue de Sibérie

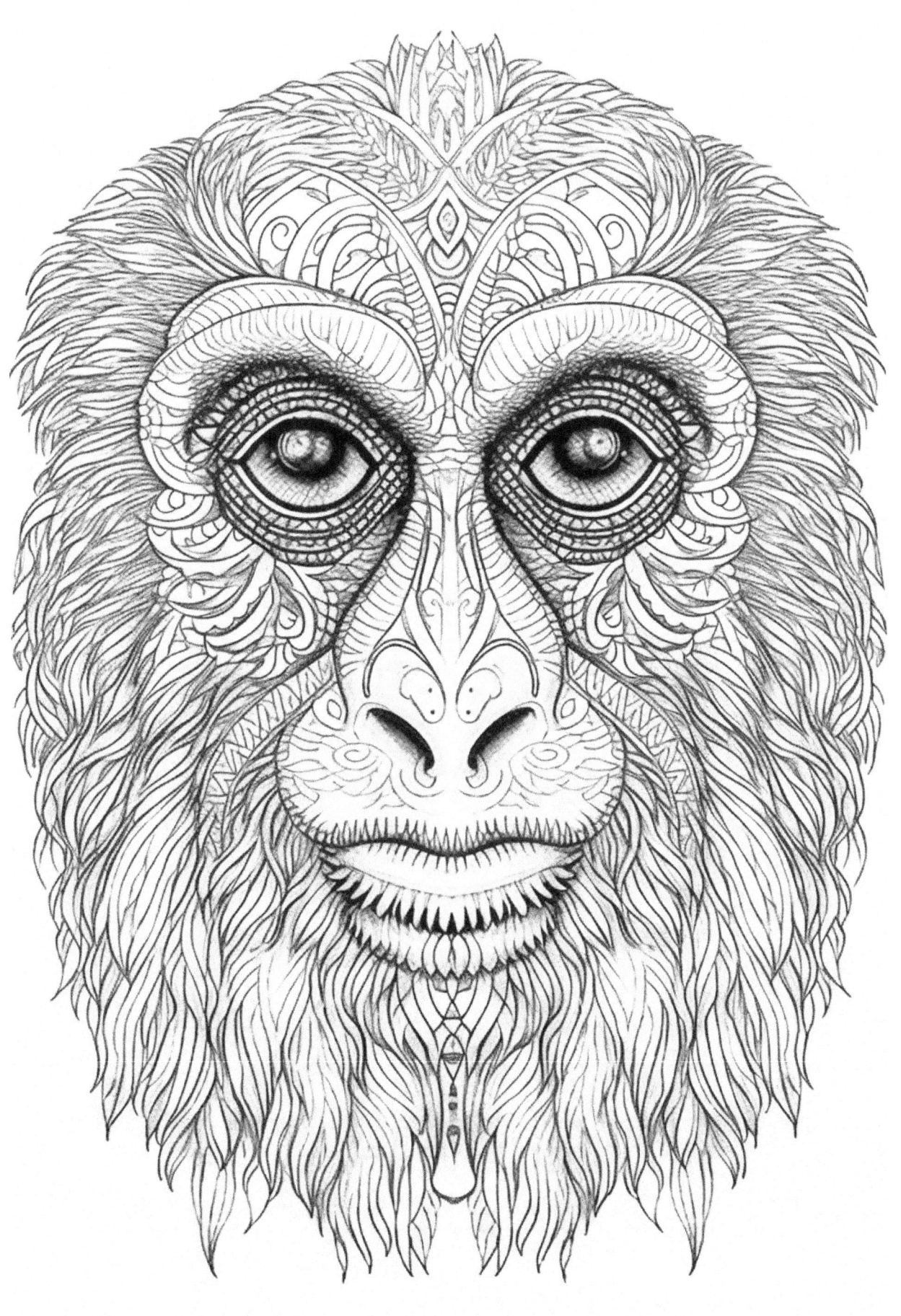

Gibbon à mains blanches

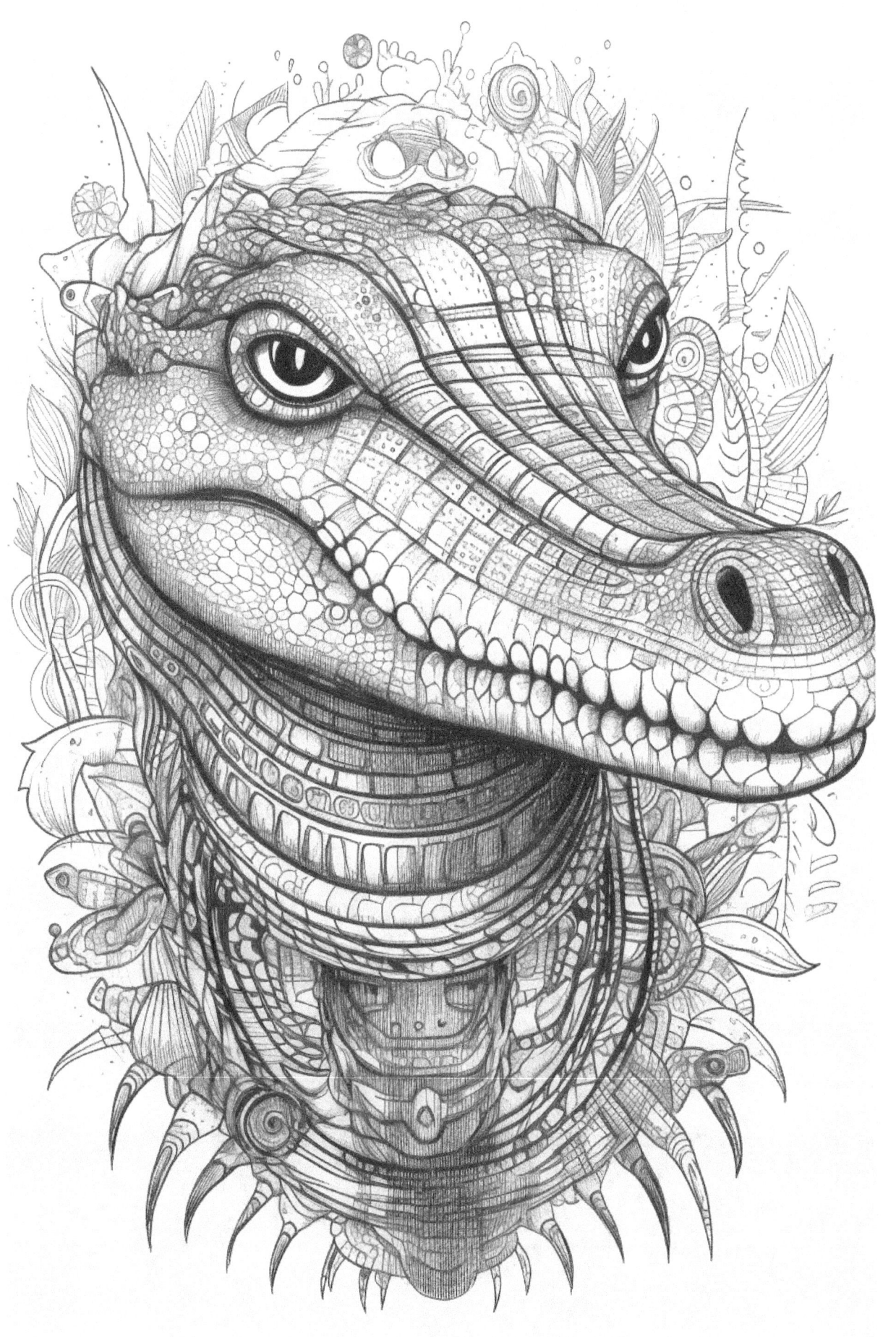

Gavial

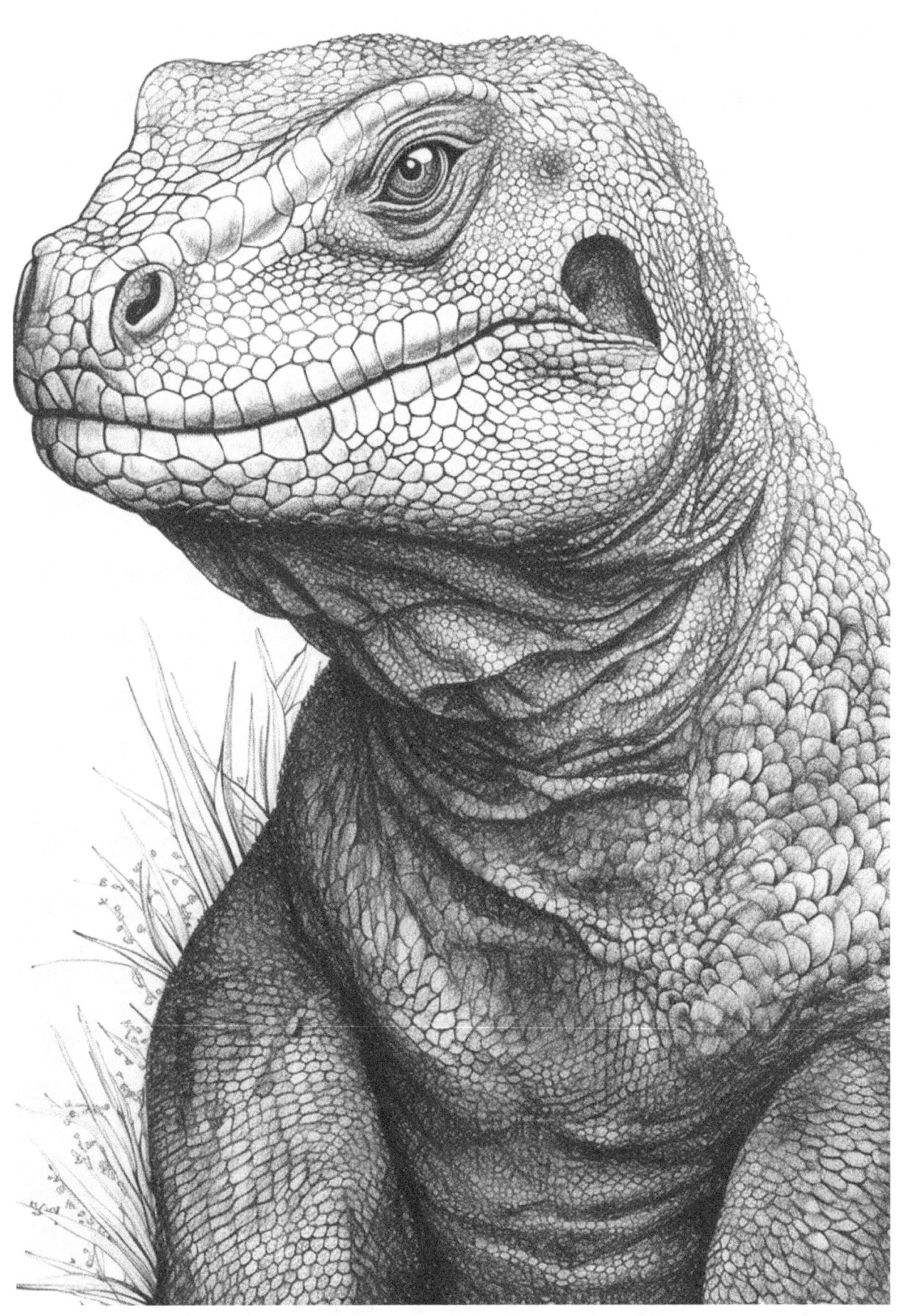

Dragon de Komodo

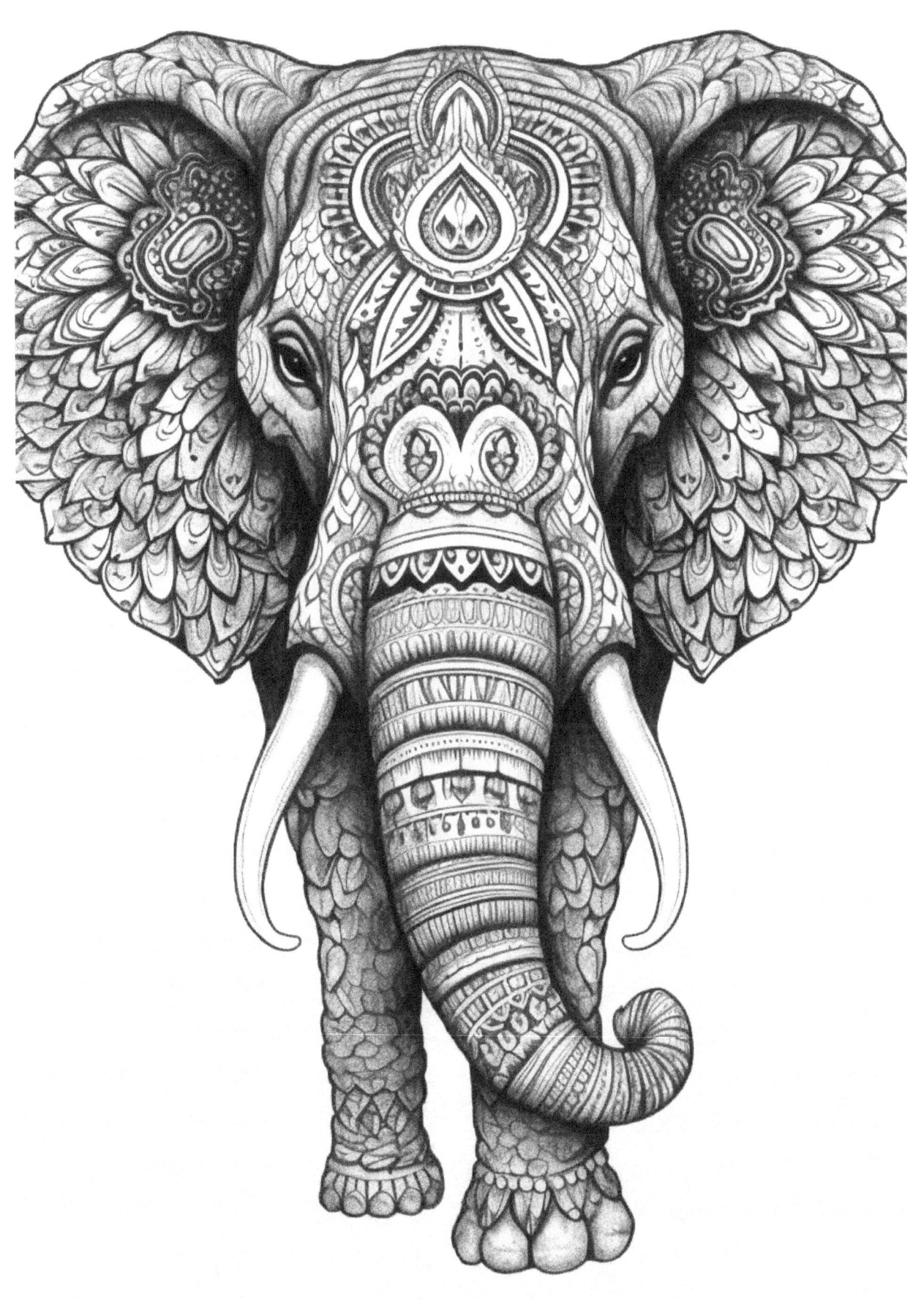

Eléphant d'Asie

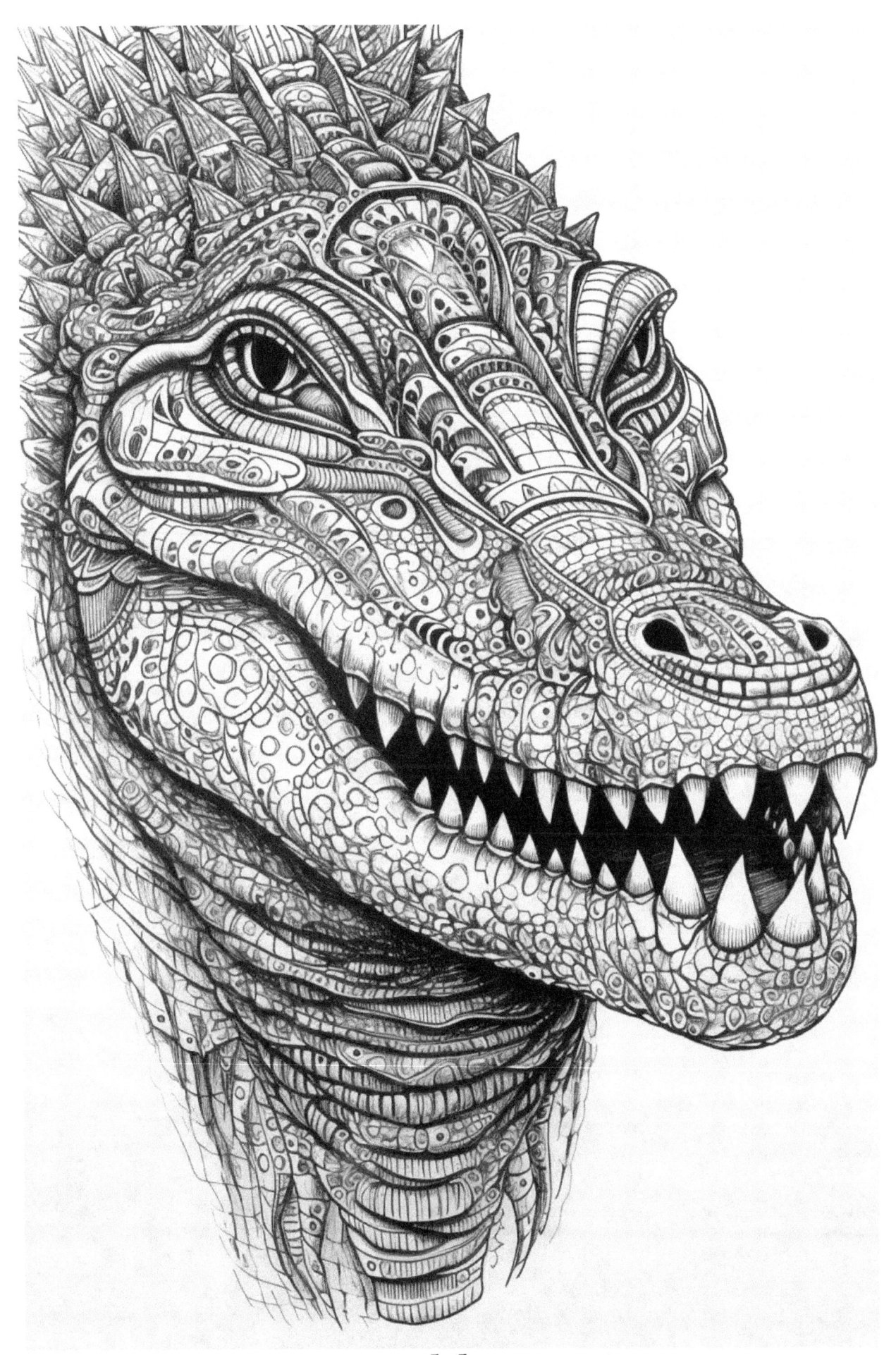

Crocodile marin

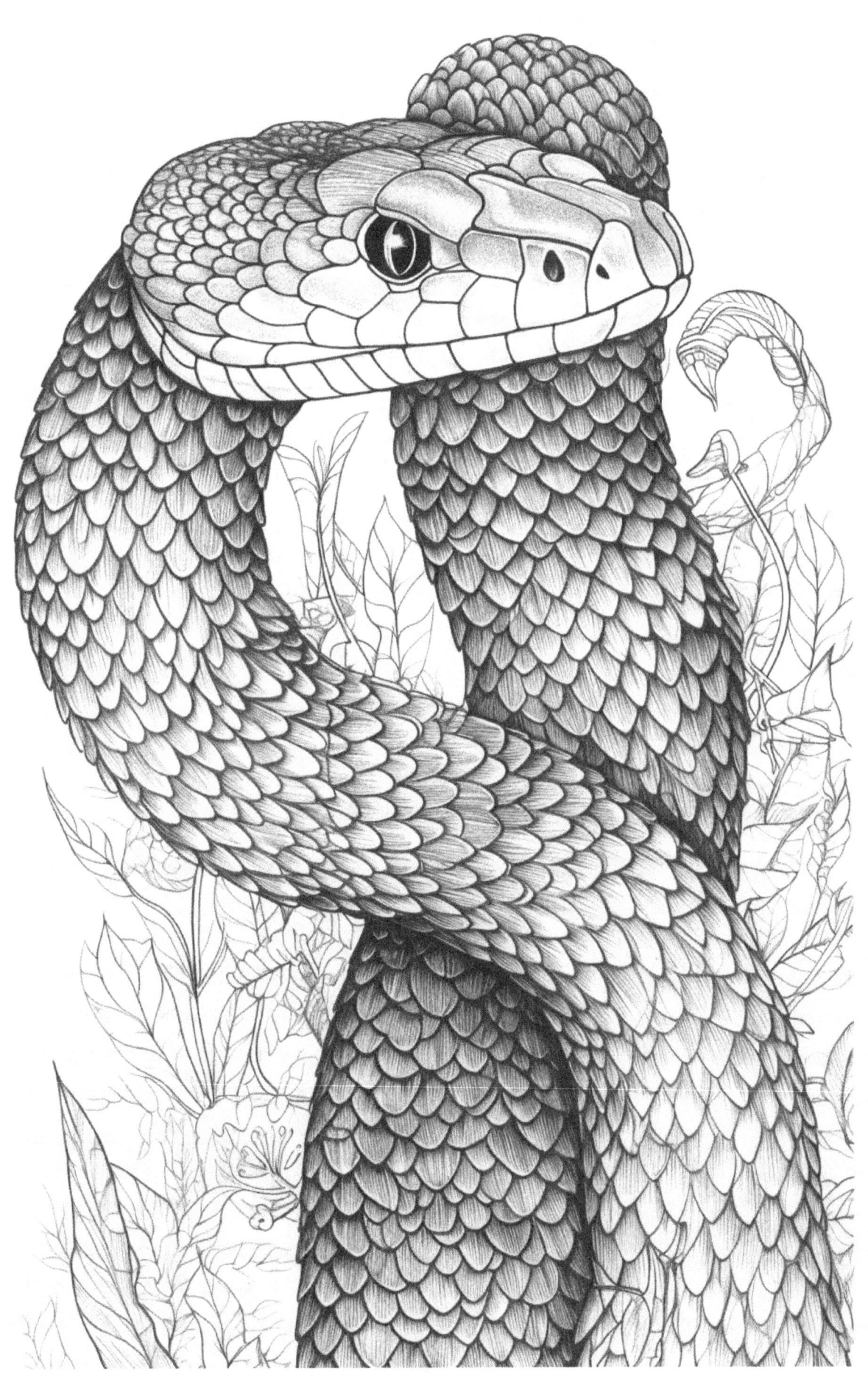

Cobra royal

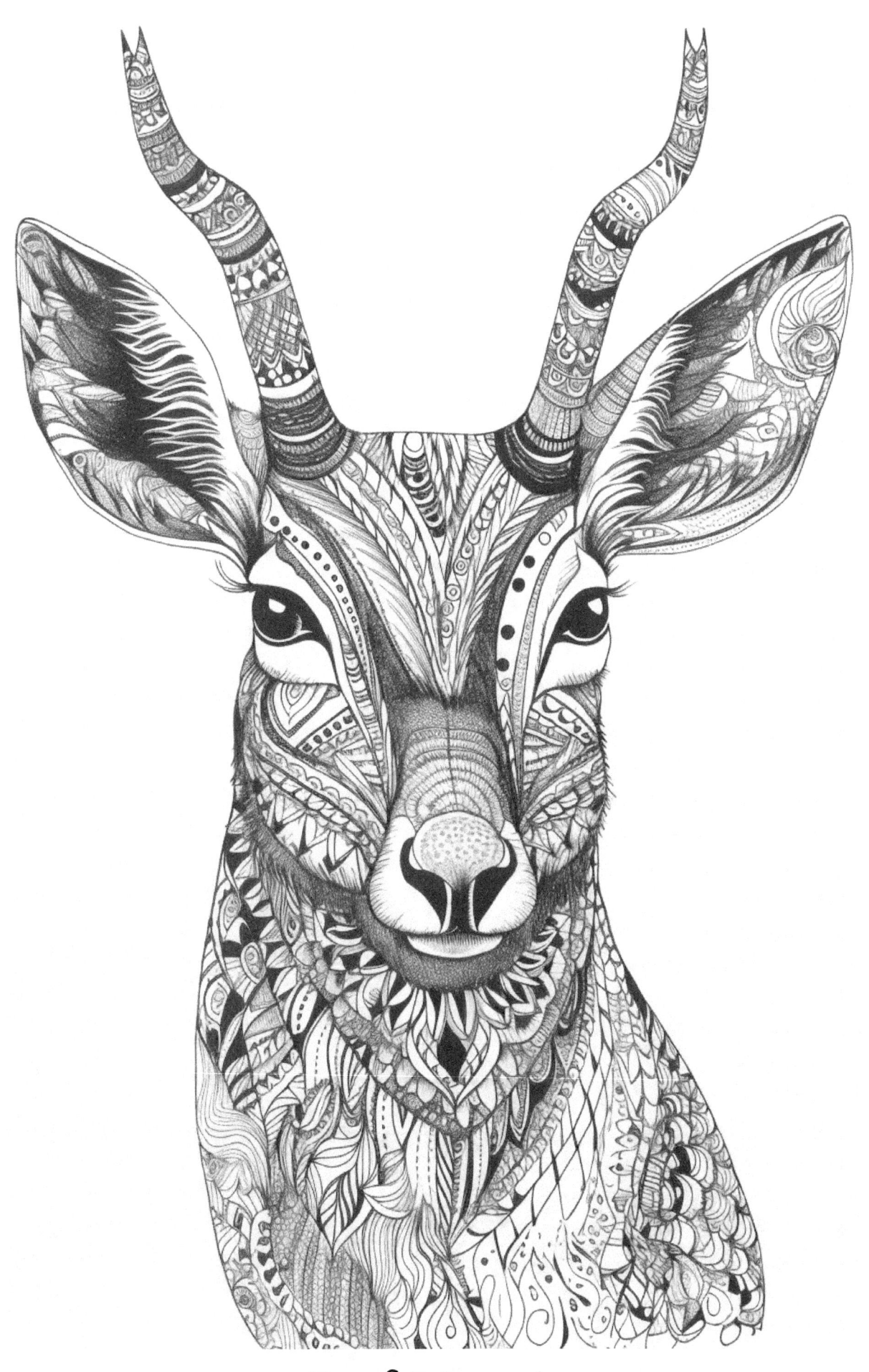

Cerf Muntjac

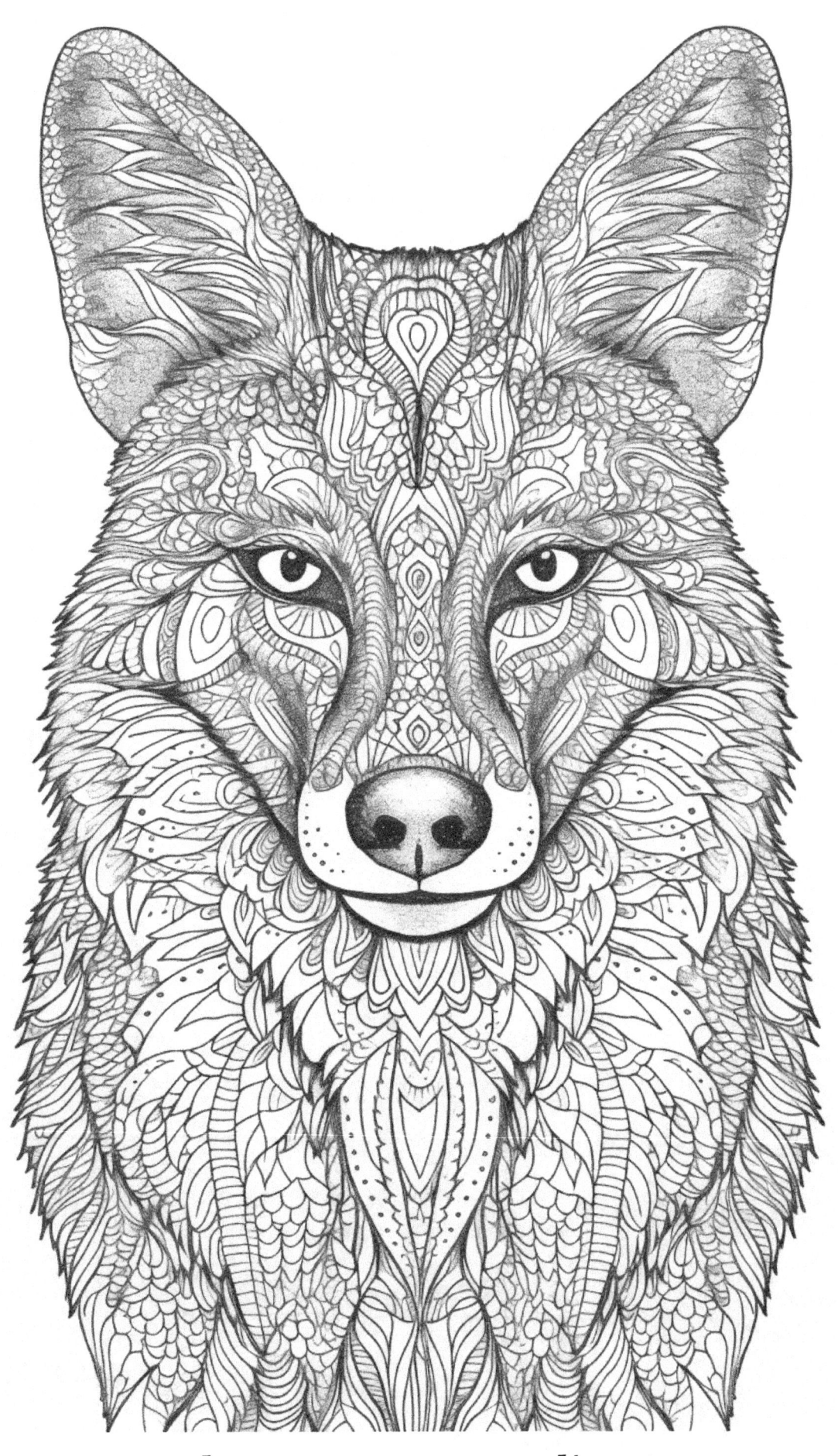

Chien sauvage d'Asie

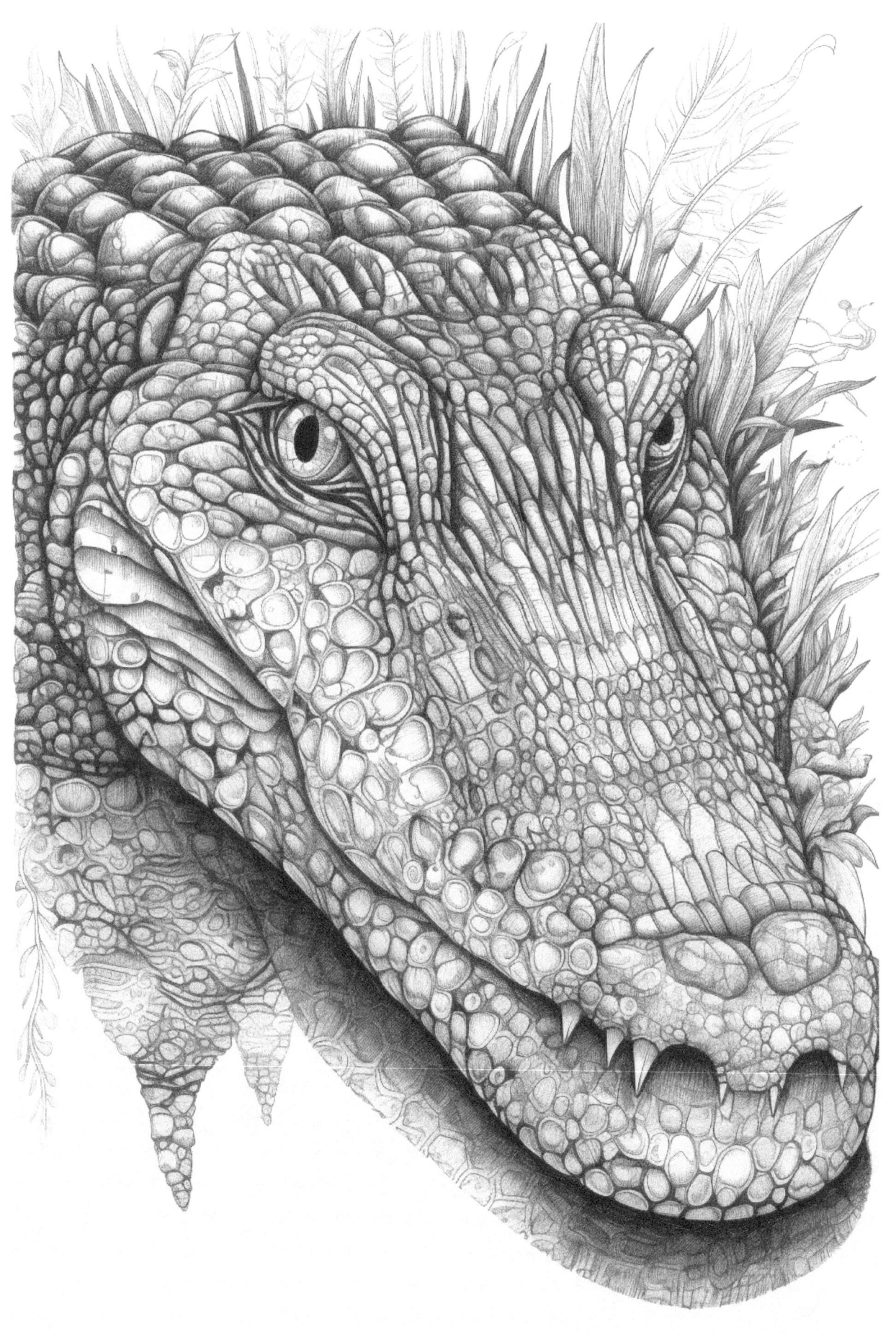

Crocodile des marais

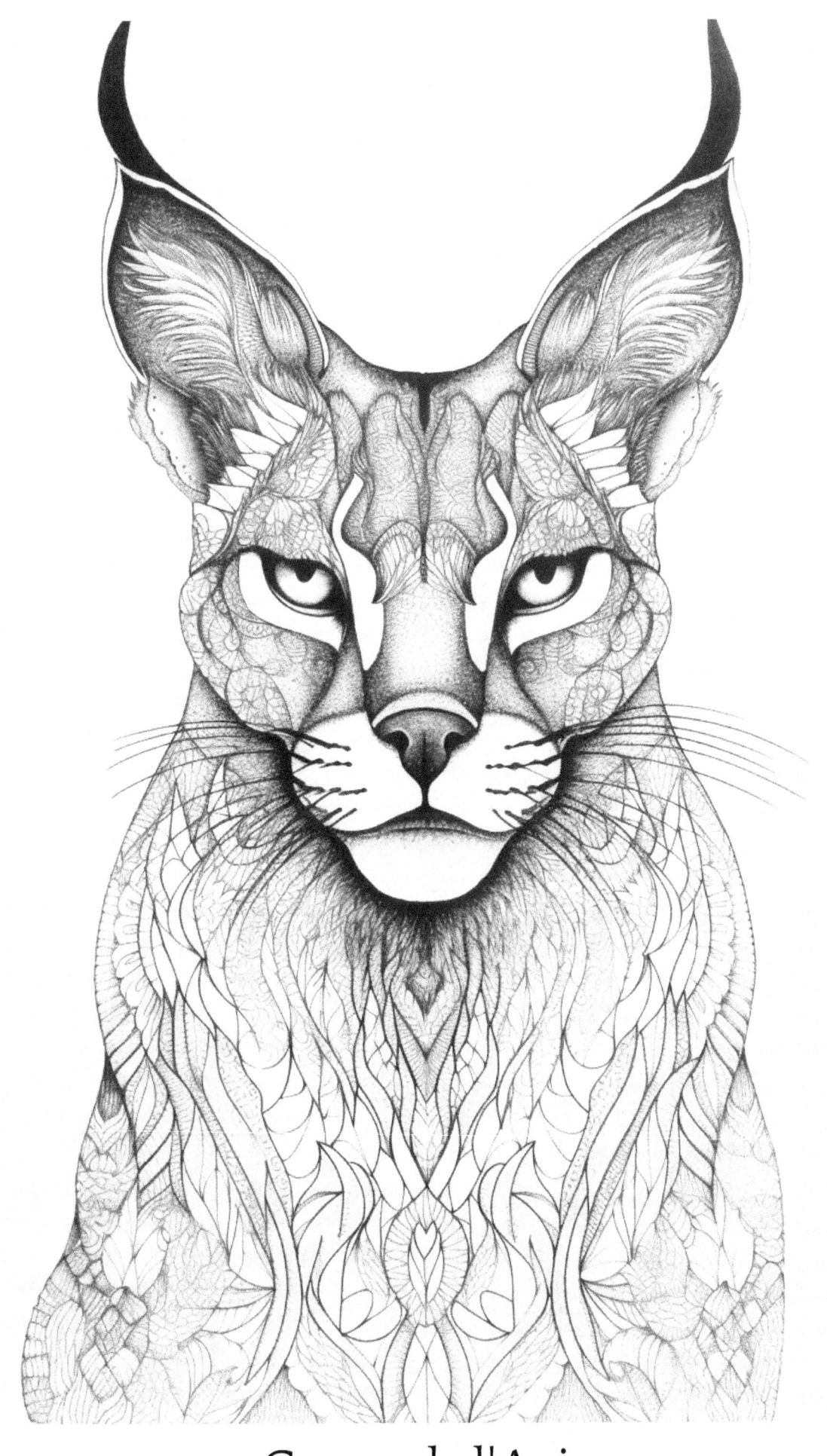

Caracal d'Asie

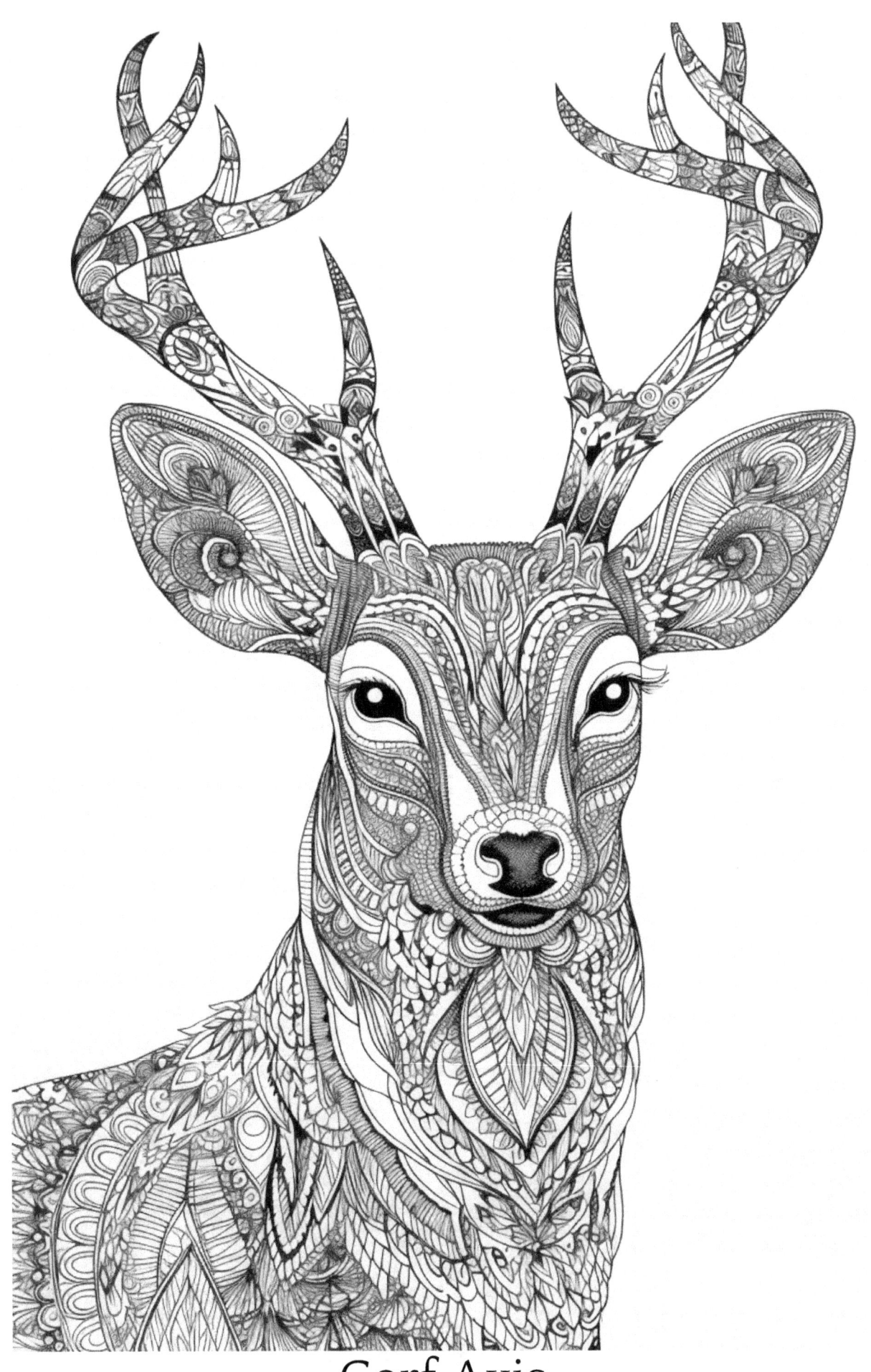

Cerf Axis

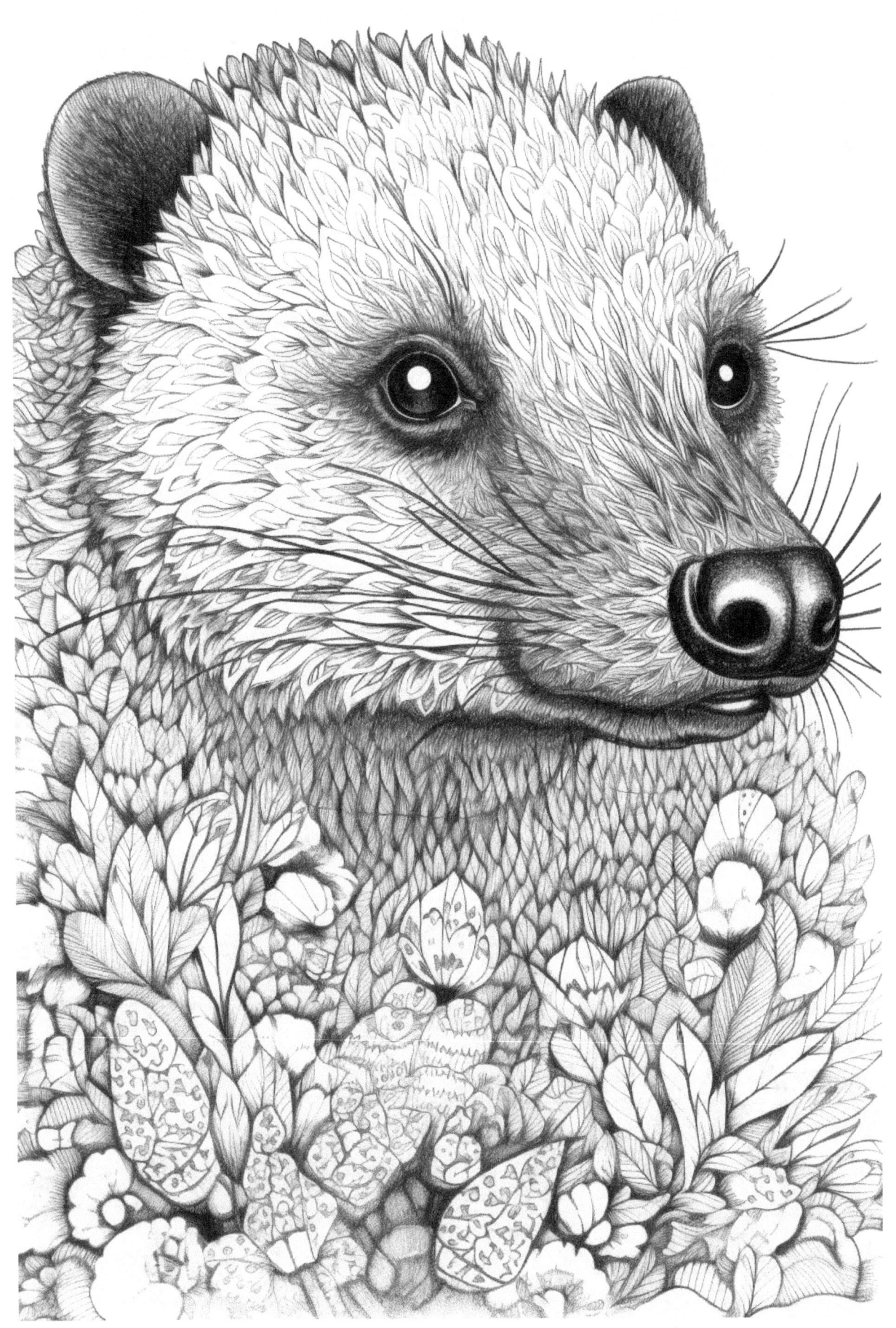

Binturong

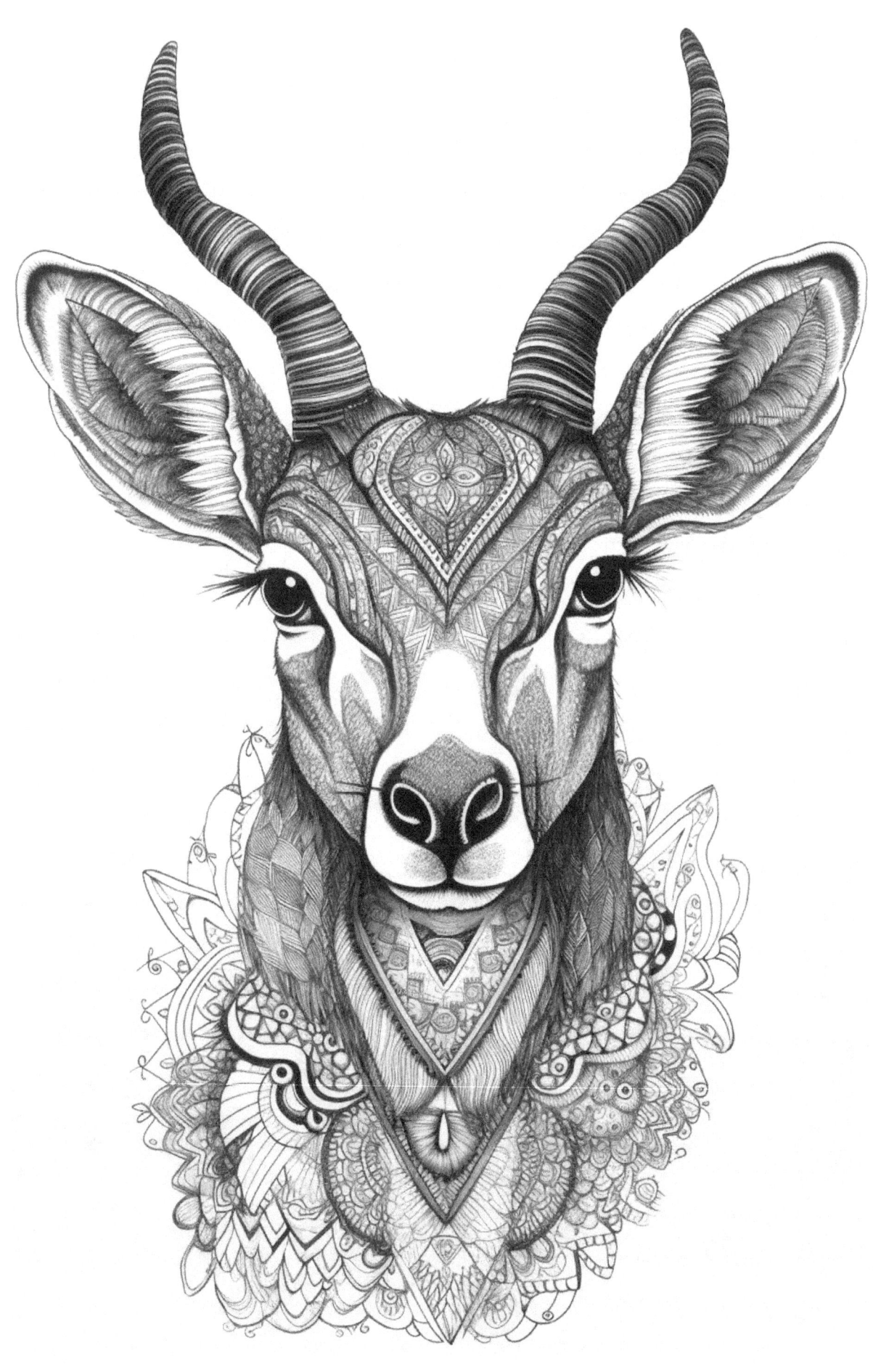

Antilope cervicapre